運が味方する笑顔とありがとうの法則

世界一簡単な方法で
仕事が変わる
人生が変わる

野坂礼子

はじめに

人間は、みんな幸せになるために頑張っています。

しかし、社会的には成功していても、心の中はストレス一杯だったり、寂しかったり、充実感が持てず空しかったりする人も、多くいらっしゃいます。一部の成功ではなく、全て人生丸ごと幸せになるためには、何が必要なのでしょうか?

今の社会通念では、この答えは見つかりません。かといって宗教上の教えにも、私は納得がいかないのです。

国中ほとんどの人が信仰をしている国、中東諸国イスラム教圏やアメリカなどキリスト教圏の人々は、国中みんな安らいでいて豊かで、本当に幸せになっているでしょうか?決してイエスとは言えませんね。そういった国ほど、利権や宗教がらみの戦争が絶えないようです。

では、どうしたら人生丸ごと幸せになるのか?この質問にお答えするために、この本を書きました。

そして現実的に実際に幸せになってもらうために、実践法に力を入れて書き上げました。信じて実践していただいたら、必ず幸せになっていただける確信があります。なぜかというと私は、理想論を述べる宗教家でも哲学者でもなく、実践中心の臨床家だからです。29年間毎日、私の目の前に、悩みを抱えた人々、幸せを切望していらっしゃる受講生がたくさんこられました。それらの方々に、「人生が変わった！ あ〜幸せ‼」と言っていただきたいために、私はほとんど休日を返上して考え、悩み、笑顔セラピーを実施してきたのです。のべ1万人を超える受講生の方のうち、ここ数年、特に信じて熱心に実行していただいた方は、人生が大きく次元上昇して幸せになられ、笑顔を取り戻してくださっています。笑顔セラピーですから、笑顔になってもらわないとにせものといわれてしまいます。

幸せになるための実践なんて、さぞかし難しく大変な修行が必要だと思われるかもしれませんが、世界一簡単で、副作用なし、どんなことにも使えて、誰でも出来て、シンプル、無料、やっただけ信じただけ必ず効果が出る、そしてどこかの団体に入会、入信する必要なし、自分ひとりで自分の家や職場で、直ぐにできる超ノウハウなのです。やってみれば直ぐにわかります。

ただ、信じ、そして実践してもらわないと結果が出ないために、理解し納得してもらう必要があります。

私としては、そこにちょっぴり苦労があるのです。この本でもページ数に限りがあるため難しかったのですが、一生懸命に書きました。信じてもらえるかどうか、実践してもらえるかは、あなた次第です。

「人生は信じたとおりになる」というゆるぎない法則があるからです。必要なのは、はじめる勇気と素直な心、継続するパワー、これだけです。


まず、幸せの構造について、人生を樹木に例えてお話ししてみたいと思います。

幸せに生きるためには、目に見え体で感じる3次元世界（肉体人間としての自分の世界、物質世界、科学が扱う世界、社会）と4次元、5次元といわれる高次元との関係性と、両方の次元に生きている自分を考えなければ、本物の幸せには到達しない仕組みになっているのです。入れ子構造になっていて高次元（つまり精神世界、宇宙次元、大自然）の中に、体や物質や現象世界が存在しています。そしてそれぞれに法則があるのです。高次元の法則のことを、真理、宇宙法則とか大自然の法則と呼びます。

3次元での幸せは言うまでもなく、まずは物質的幸せ、つまりお金です。木でいうと実がたくさんなる木でないと幸せになれません。実が十分に成ると次に欲しくなるのが花です。出世して社会的に認められていたい、同じ儲けるのでも、カッコ良い儲け方がいいのです。大根のようにいくらおおきな実りがあっても大根の花じゃあ情けない、やはり、桜やバラや蘭の花なんかが華やかでいいのです。人からバカにされたくない。人から認められたいのです。次に、樹木ですから葉っぱが茂っていることが基本ですね。これは愛、つまり人間関係です。家族、友人、仕事の仲間など人々と触れ合い、係わり合い、愛されていたい。人間は孤独が怖い、これは本能です。葉っぱが青々茂ってないと立派な木とはいえません。しかし、うっかり枝が折れた時に初めて枝があっての葉や花や実だったと気付きます。つまり健康です。健康が幸せの第一要件だと気付くのです。

でも本当にそれだけでしょうか？ 健康を追いかけ、愛を求め、出世をしてお金を儲けたら本当に幸せになれるのでしょうか？ そう信じて20世紀の近代社会は発展してきました し、先進国日本は、それらをうまくゲットできた国です。お金は高度経済社会でお金持ちの国です。花は、文化や教育レベルでしょう。最高度に発展しています。葉っぱだけは国単位では論じられませんが、枝は医療の発達でしょう。最高の医療機器のある病院、医薬品、病気を防ぐ目的の各種サプリメント、健康機器、どれをとっても日本は国際水準で最高です。

ところが、病人は減るどころか増え続けています。最近も医療費が不足して各保険代が値上がりしました。今やなんらかの持病を持っている人が大半ではないでしょうか。子どもでさえ、アトピー、喘息、成人病にまでなるので、病名を生活習慣病と変えざるを得なくなりました。これほど、食糧事情も最高の国でどうしてこんなことが起きるのでしょうか。今日本は、すさまじいうつ病大国で、自殺大国です。なぜ子供たちまでもが、いじめや自殺を起こすのでしょうか？

経営者を対象とするコーチングで有名なM先生が「経営に成功すると決まって家庭が崩壊してゆきますね」とおっしゃいました。たくさんの経営者の内情を知っていらっしゃる先生だからいえることです。私がカウンセリングした経営者も口をそろえて「儲けるのは難しくないが、儲けて会社を大きくしても、幸福感や充実感は得られなかった」とおっしゃいました。社会的に成功して幸せそうな人はいても決して本当に幸せを手にしているとは限らないのです。お金儲けに走ると決まって健康か人間関係に破れを生じるようです。

一体どうしたら、継続的に丸ごとの幸せを実感できるのでしょう。


実のなる木を植えたら、お世話をするのは、枝や葉ではなく、根っこですね。根っこをお世話しないから枝が折れ、葉や実や花が枯れていくのです。それでは、人生の根っことは何でしょう。それは「氣」です。根っこの伸びた人のことを運氣の良い人といいます。昔の人は直感が優れていたので見えない氣を感じ、氣分とか氣持ちとか強氣とか邪氣、陽氣、陰氣、氣が変わる、氣が合う、色氣、氣配、氣心、氣配り、天氣、病氣、元氣などと言って、全ては「氣」というエネルギーの結果であると、わかっていたのです。そしてプラスのエネルギーを心に貯金しなさい。そうしたら元気で陽気になって幸せになれる。と教えました。

幸せの木

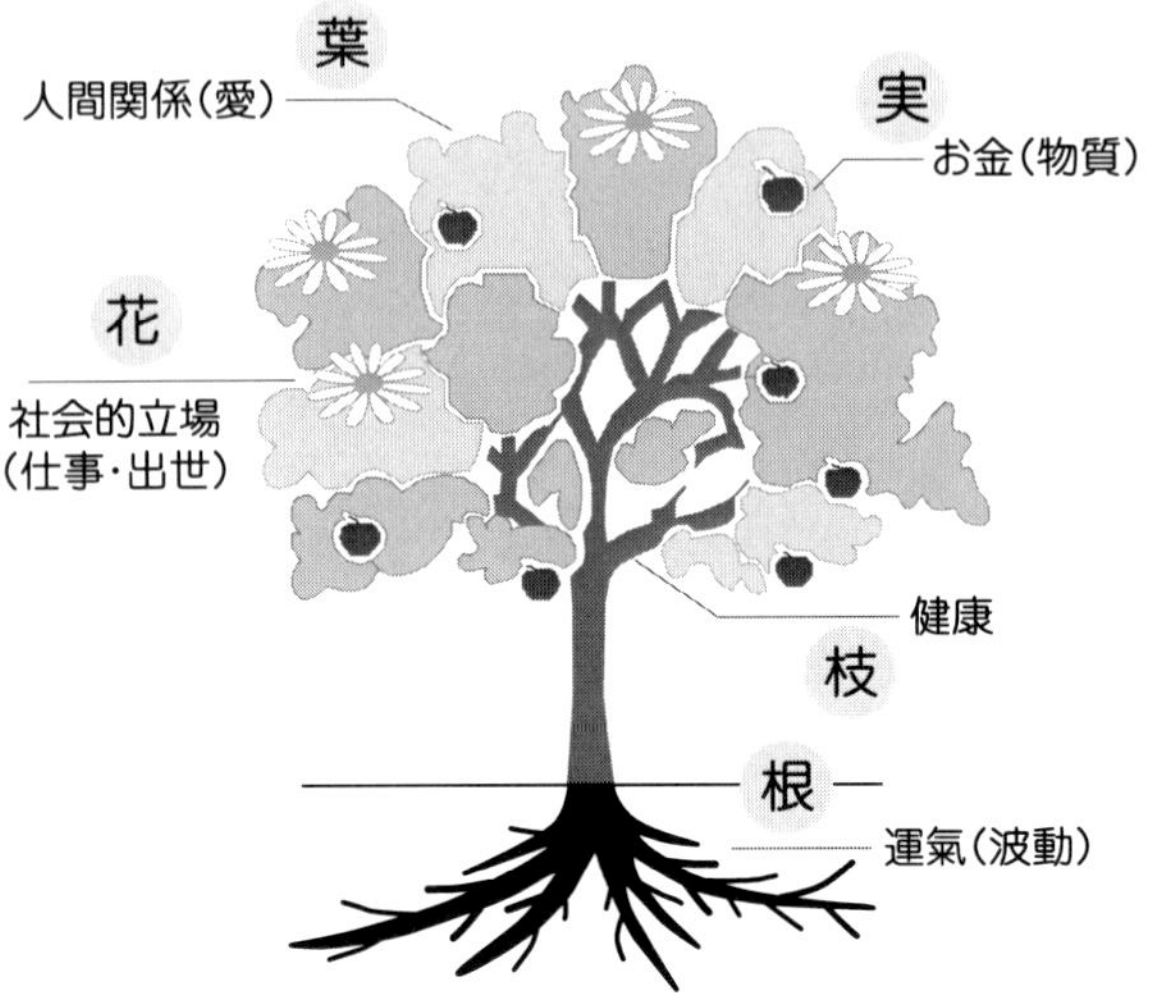

幸せになる生き方のコツを「徳を積むことだ」と教えたのです。徳を積むというのは、言い換えると運気を良くすることで、ツイテルということです。運をよくする、つまり根っこを伸ばすことなのです。

樹木全体で見ると、まず大自然の法則に基づいて根っこを伸ばせば、季節がめぐってくると、自然に葉が繁り、実がなり、花が咲くものです。

それを、根っこなんて見えないものは無視して、根っこに水も肥料もやらずに枯らしておいて、頭の良い近代社会の先進国は科学を駆使してどんどん花を大きくし、実を太らせるものだから、ますます根が枯れてきて、実がなると葉が落ち枝が折れる、あせた花の色をあざやかにすると枝が折れるなど、どこかに不都合がでるのは当然の結果です。

幸せに生きるには、根っこをのばす、つまり運命をよくすることにつきるのです。命を運ぶと書いて「運命」、命の運び方があるのです。命の運び方の法則は、根っこ伸ばしですから、土からに出た部分、葉や花、実など見えるところ、つまり3次元の法則ではありません。根っこ伸ばしは、大自然の法則、真理に従って命を運べばいい、生きていけばいいのです。

競争社会で勝ち抜かないと、幸せはやってこないとばかり、みんな誰よりも高く枝を張り葉を茂らせ実や花を付けるのに躍起になっています。それはとても危険な生き方です。本当に幸せな人は、競争に参入して勝ち取ったのではなく、人々から社会から与えられたのです。奪い取るとどんどん根っこが枯れて、地獄行きになります。与えることを目標に生きると、根っこが伸びて、自分が与えた何倍も与え返され、とても豊かな木になります。仕事も繁栄すること請け合いです。同じ花や実でも、ぜんぜん違うのです。

だから、松下幸之助氏など偉大な事業家は、こぞって根っこ伸ばし、つまり「経営は運である。経営者は徳を積んでいることが大切だ」といわれたのです。

木は上に伸びると立派になれるのですが、根っこはどんどん下に伸びるということです。根っこは地味できれいではないけれど、その根っこのお陰で美しく華やかな実や花がなるのです。青々と葉が茂るのです。地味なところをシッカリやる、つまり陰徳を積むことを昔の人は教えたのです。つまり競争で奪い取るのではなく、隠れて人々にギブをしなさいということです。

奪うと奪われ、与えると与え返される、これは宗教教義でも道徳でもなく、真理、つまり絶対法則であり、気付かないだけで、実は現実を左右しているのです。例外のない宇宙の法則であって、昔であろうと未来であろうと、西洋であろうと日本であろうと、一人残らず誰に対しても必ず適用される法則です。エネルギー同調の法則です。ココを無視して起きた20世紀の矛盾ですが、危険なことにこの法則にまだ気付いていない人が多いのです。地球の環境問題も、うつ病や自殺も問題もそうです。自分だけは大丈夫だと思っていたら大間違いです。

本書では、この徳積みということを、量子物理学の波動の科学でも説明しています。出来るだけ多くの方にご納得いただき実践してもらうために、論理的に展開したかったからです。

この本は宇宙の法則に従って命を運び、根っこを伸ばし、運命、運氣を良くして、葉や花を必要なだけ付けて幸せになる本です。根っこの伸ばし方の本なのです。

※本文中にも人生を木に例えた「はじめに」の内容を基本にする説明が多々あるので、覚えておいてくださいね。

第2章 最大最強の成功法則「感謝行」

第3章 職場の人間関係を絶対よくするツキの法則

第4章 天命・天職に出会うために実践するべきこと

第5章 運の良くなるギブの生き方に変わるコツ

第6章 無条件の幸せセラピー

序章

幸せな人生に必要な3つの要素

幸せな人生を検証してみると、3つの要素がそろっているということがわかります。まず一番目は明るいことです。いつも心が明るくていい気持ちで暮らしていることでしょう。暗い気持ちでうつうつとしていたら、生きるのがいやになるでしょう。明るいということは、プラス思考であるということです。もし、仕事で難しい仕事の担当になったときに「最悪だ。みんなが嫌がっていたやりにくい仕事が回ってくる」と思うか、「チャンスだ！ この仕事をクリア出来たら技術力がつく。もっと社会に貢献できるぞ」と思うかで人生は大きく変わってしまいます。まずはプラス思考で明るくなくては、幸せはやってこないのです。

幸せの条件の2番目は温かいこと、家族はもちろん、温かい人間関係の中で仕事をして暮らしているということです。温かさの熱源は石油や電気ではなく愛です。愛がある暮らしは、安心感に満たされ癒されます。しかし人生は出したものだけが返ってくるという厳然たる真理があります。人に温かくしてもらえるということは、まず自分が人に温かいということです。

実は人に優しい人の根っこは、自分に優しいということなのです。自分に厳しい人は必ず人にも厳しく接してしまいます。もし温かく接しているように見えたとしても人に嫌われないためや、部下指導のために意図してやっているのであって、心の中では相手を批判していたり嫌っていたりしますから、無理して優しく接することは大変努力の要ることで、ストレスがたまってしまいます。自分が好きで人が好き、これが幸せの根っこで、何よりも大切です。自分が好きといえるようになるために、この本を書きました。後の章でご紹介する実践課題を素直に実行していただければ、必ず自分が好きになりますよ。保証します。

幸せの3要素の3つ目は、人生が生き生きわくわく楽しいことです。

大半の人々が「生き生き楽しく仕事をするなんて奇跡のよう。食べていくためには働かないとね」という価値観で働いているのが現状のようです。せめて良い家や車、洋服を持って、休みの日には趣味や余暇でも楽しみたいと主客が入れ替わっているのです。まずは人生そのものでもある自分の仕事が楽しめないのでは、幸せなんて絵に描いたもち以上に遠くて実感のないものになってしまいます。生き生きと暮らすと言うことは、夢や目標を実現する、つまり自由自在であること、やりたいことをして生きるということなのです。そして、そのやりたい事が人々の幸せに貢献するものである、つまり天命、天職を生きて、人々の役にたつということです。（最終章では天命を生きるためのヒントを述べています）。

明るく、温かく、生き生きしているときに、人間は心からの幸せを実感して暮らせます。また、この3要素はそれぞれ連動しています。プラス思考で自分や人の見方がプラスだと自信が持てて、結果人に温かくなり、そうすると潜在能力や直観力がどんどん出てくるので、天命にも気づき、夢や目標にもどんどん近づいて手に入れることが出来るのです。

幸せの3要素はそのまま笑顔の3要素

幸せの3要素、「明るい、温かい、生き生きしている」をご紹介しましたが、実はこれは笑顔の3要素でもあります。「明るい笑顔、温かい笑顔、いきいきキラキラした笑顔」です。明るく温かく生き生きしたときに、心は満たされ輝き、それが笑顔となって周りをも明るくするのです。

明るくプラス思考で、自分が好き人も大好きで　温かい人柄、生き生きと輝いて生きている、そんな3要素のそろった人は、実はとびきり運がいいのです。実は「幸せに生きる」とは「運が良い」ということなのです。「運が悪いけれど私は幸せ」「運はいいけど俺は不幸だ」ということは決してありません。運というパラダイム（考え方の枠組み）で人生を理解しているかどうかは人によっていろいろですが、幸せな人は必ず運がいいのです。

第1章

運命を切り開く3つの扉

運命は自分で思っているより簡単に変えられる

自分の運命について考えたことがあるでしょうか。

悪いことに遭遇したときに「これも運命だと思って、あきらめよう」などというように、運命というと、とても大きな力に支配されていて、人間には動かしようのないものだと理解している人も多いでしょう。

しかし、自分の運命というのは、はじめから決まっていて動かせないというものでは決してありません。運命の流れは自分自身で変えることができる、しかもポイントさえ押さえれば、決して難しいことではないのです。

運命というと、宗教や占いの世界を連想する人もいるかもしれません。しかし、私が伝えたいのは法則に基づいた論理的な世界です。その法則と言うのは大自然の法則です。大自然の法則のことを真理と言いますが、真理に従って生きると例外なく、運氣が上がって幸せになれるのです。20世紀の文化には、この一番大事な根っこの部分が、すっかり欠落しているので、みんな迷っているのです。

運命は、「命を運ぶ」と書きます。

では、あなたの命を運んでいるのは誰でしょうか。

それはもちろん、あなた自身です。あなたの先祖でも、親でもなければ、パートナーでもありません。まして、会社の上司であるはずがありませんね。

今、あなたがすばらしい人生を楽しんでいるなら、自分自身で真理に従って命を運んでいるということにほかなりません。反対に、運命を恨みたくなるなら、自分の命の運び方に問題があるのです。

命をうまく運べるかどうかは、すべて自分次第なのです。

自分の命を、間違いなく幸せ山に運ぶ責任者は自分、運び方も厳然と存在しています。間違って地獄沼に到着してしまったら、何処かで道を間違えたのです。

だから引き返してもう一度、自分の命をどっこいしょと持ち上げて、今度は間違えないように幸せ山の頂上をめざしましょう。その道順をしっかり覚え、持ち上げ方、運び方をしっかりと身につけることが、人生で一番重要なことです。何しろ自分の運命を決める責任者は自分なのですから。自分が責任者である自覚が出来た人のことを自立できた人といいます。自分の命運びに責任持って、幸せ山への地図を片手に生きてゆきましょう。さあ出発の時間がやってきました。レッツゴー!!

宇宙の法則に従えば必ず幸運がやってくる

真理に従って命を運べば、必ず人生は幸せ山へ向かいます。そんな法則があるのなら、誰だって知りたいと思うでしょう。現代では、真理に従って生きるには、宗教か一部、気功やヨガなどを学ぶことからでしょう。もちろん宗教は、本来真理にしたがって生きる道を示したものですが、今はマイナス面が目立っているように感じます。

悟りとは、我や欲に縛られた自分を解放して自由自在になることのはずなのに、反対に教えや宗教儀式、はたまた組織や人間関係に縛られて余計窮屈になっていたり、現世利益を求めて依存的になってしまっている人も多いし、位の高いお坊さんや神父さんになることが出世であったり、七五三や初詣、厄払い等は神社やお寺のかき入れ時で、宗教ビジネスと化しているところさえあります。また歴史上、多くの戦争やテロのバックには宗教が絡んでいますし、宗教や政治の繁栄のために弱者である民衆が金品や労働力を供出させられ、苦しめられた例は幾多みることができます。宗教集団となり、人が集まり組織を作ると、必ず組織の持つマイナスエネルギー（業やカルマ）が発生するのが真理です。

諸宗の真髄はひとつでありそれは真理です。私は既存の宗教には一切かかわりなく、真理そのものにしたがって生きる方向を示す笑顔セラピーでありたいと思い、笑顔セラピーを創ってきました。

幸せに生きるためには、絶対的な不変の法則があります。
半面、社会的法則は、時代や国によって大きく変化してしまいます。行儀作法も韓国なら立てひざをするのがルールです。日本では正座をします。中国では、「お腹一杯、十分にいただきました」という印に一切れ残すのが食事のおよばれのルールですが、日本は嫌いな物でも残さずいただくのがルールです。欧米の女性の正装は胸の大きく開いたドレスですが、その昔、日本では女性は肌を一切見せないように着物を着ていました。しかし、今の日本では女性も襟ぐりの大きな大胆な服装もＯＫになっています。江戸時代、上位の人には忠誠を誓うことが正しく、絶対イエスと言うべきだと教育されましたが、今の企業人にとってはイエスマンより個性や独創性が大切です。国によっても社会的法則（規範）はさまざまです。

冒頭でも述べましたが、20世紀の日本は経済成長を目指して、性能のいい商品をできるだけ安く作ってたくさん売る、これが基本形でした。そのなかで我々は必死に働き、徐々に生活が豊かになっていくことを経験してきました。それが20世紀における日本の社会的法則でした。しかしその結果、日本中の人たちが幸せになったかといえば、そうではありません。自殺大国、うつ病大国です。この経済の法則は宇宙の法則ではなく社会の法則で、今新しい時代の到来とともに大きく変わろうとしています。

笑顔セラピーでお伝えしている生き方というのは、時代や国ごとに変わる社会的な法則に従う生き方とは違います。普遍的で、万国共通、唯一無二の絶対的な宇宙の法則に従って生きるのです。

太陽が東から昇って西に沈んだり、動物が酸素を吸って炭酸ガスをはき出し植物は炭酸ガスを吸い酸素をはいている、このように絶対変わらない大自然の法則のように、われわれ人間の人生にも、真理という絶対法則が厳然とあるのです。

生きとし生けるものの中で、人間だけが自由に変えられる運命と運命を変える方法（ツール）を与えられました。しかし動物は自身で変えられない宿命だけです。

ただし、自由であるということは、自立し責任をとるということでもあります。責任を持って命運びの3つのツールを使いこなして、幸せになりましょう。

幸運を呼ぶ3つのツール「笑顔・言葉・呼吸法」

この3つを自由意志で使いこなせるのは人間だけです。

笑顔、言葉、呼吸法について学び、実践すれば、誰だって今すぐに運命を変え幸運の持ち主になれます。

ところが、シンプルなものほど人はあまり意識しないし、軽くみてしまうのです。この

３つの幸福のツールの価値を本当にわかっている人がどれくらいいらっしゃるでしょうか？　これからお伝えする方法で実践してみてください。やってみた人にはすぐにわかります。この本との縁を活かして、人生を変えてみてください。これは、私の心からのお願いです。

私は29年にわたって笑顔セラピーを実践し、そのなかで笑顔、言葉、呼吸について、真剣に伝えてきました。笑顔セラピーの受講でこれらを変えた人は一様に、驚くような成果を手に入れておられます。

●今まで就職活動がまったくうまくいかなかったのに、就職試験に受かった。
●職場の人間関係に悩んで仕事を辞めることまで考えていたのに、皆にとても親切にされるようになった。
●業績が伸びずに苦しんでいたのに、成績がどんどん良くなった。
●病気がなおって健康になった
●家族が穏やかで、とても仲良くなれた。

これらはほんの一部ですが、確実に成果を上げているのです。これは決して笑顔セラピーの効果の広告宣伝ではないこと、それをご理解くださらないと、この本はあなたに役立つ本ではなくなってしまいます。真理という宇宙に存在する絶対法則が、いかに確実にあなたの現実を変えてゆくかを、ご理解いただきたいのです。

なぜ、そう言い切れるかというと、それは臨床家である私の立場により、多くの受講生の方々を通じて知りえたこと、証明されたことだからです。理屈抜きで、受講生の皆さんのすばらしい変化の瞬間に何度も立ち会ってきたのです。特に笑顔セラピーの次元を大きく上げたステップアップコース「無条件の幸せセラピー」を始めた3年前からは、皆さん驚くほど素早く大きく人生を変えてゆかれます。

私が見たこと、体験したことを、もしもそっくりそのままあなたに伝えられれば、あなたもきっと信じて実行してくださるにちがいありません。勇気を持って、経済や出世の法則、社会の法則に従う生き方、考え方から、真理という絶対法則に従う生き方にお引越しをしてください。

これからお伝えすることは、宗教のように特別な信仰心を持たなければならないというものでも、特別お金がかかるというものでもありません。どこかの会に入会したり、誰かの考えを受け入れたりする必要もありません。なぜなら私の個人的考えではなく、普遍的真理だからです。

私は真理にしたがって生きるという抽象的なことを、具体的なノウハウに置き換えるという役割を、天命としてやってきただけです。具体的でなければ迷ったり間違えたり、理想的で難しすぎて実行できなかったりするからです。例えば、笑顔をするということ一つとっても、「どこでも誰にでも心からの笑顔」となると結構難しいことです。だから、これからお伝えするように、簡単で誰でもが実行できるようなノウハウに置き換えました。このノウハウを実行すれば必ず、幸運が訪れると言う事実を確認し続けた28年でした。

運氣を上げれば幸せがやってくる

「はじめに」に書いたように、「運氣をあげる」ことが幸せになる事です。ぜひ「はじめに」をよく読んでください。

運氣の「氣」というのは、宇宙エネルギーのことで、このエネルギーで私たちはつくられている、つまり、命も、体もです。同じく心も感情も、そして物質も、また出来事でさえもエネルギーでできています。東洋人はそれを直観力で感じ取って、「氣」と呼んだのです。陰氣、陽氣、病氣、元氣など、いい氣と良くない氣があって、いいエネルギーが心にたくさん貯まっていると運氣が良くなり、悪い氣がたくさん貯まっていると運氣が下がるというわけです。古き良き時代は、徳育といってプラスの氣をたくさん貯金している子に育てることが教育の目的でした。現代の教育や文化の中から、この徳という言葉が死語になってしまったことが、世の中の荒廃を招いていると思うのです。

私たちの人生の根っこである氣を上げるには、笑顔をすること、吐く息が長い深い呼吸をすること、プラスの言葉をつかうことです。そして、心にたまったプラスの氣、つまり徳を使って人々にギブする生き方をすると、徳は増え運氣はどんどん上がっていきます。しかし現代社会は、徳というパラダイムが消えたうえに、氣や徳という宇宙エネルギーの循環で調和していく社会なのに、氣や徳にとって変わりお金を循環させ、お金をテイクで取り合いをする競争社会ですから、社会は不調和、もって生まれた命というプラスの氣は使い果たされてストレス一杯で、逆に不徳つまりマイナスの氣が心にどんどんたまっているわけです。

この氣の貯金の仕組みと運命の関係について知ることが、運氣を上げ幸せになるために一番重要ですので、くわしく見てゆきましょう。

運命は、あなたの波動で決まる

この世の中に存在するすべては分子から成り立っています。その分子をさらに分解する

物質を限りなく小さくしたら

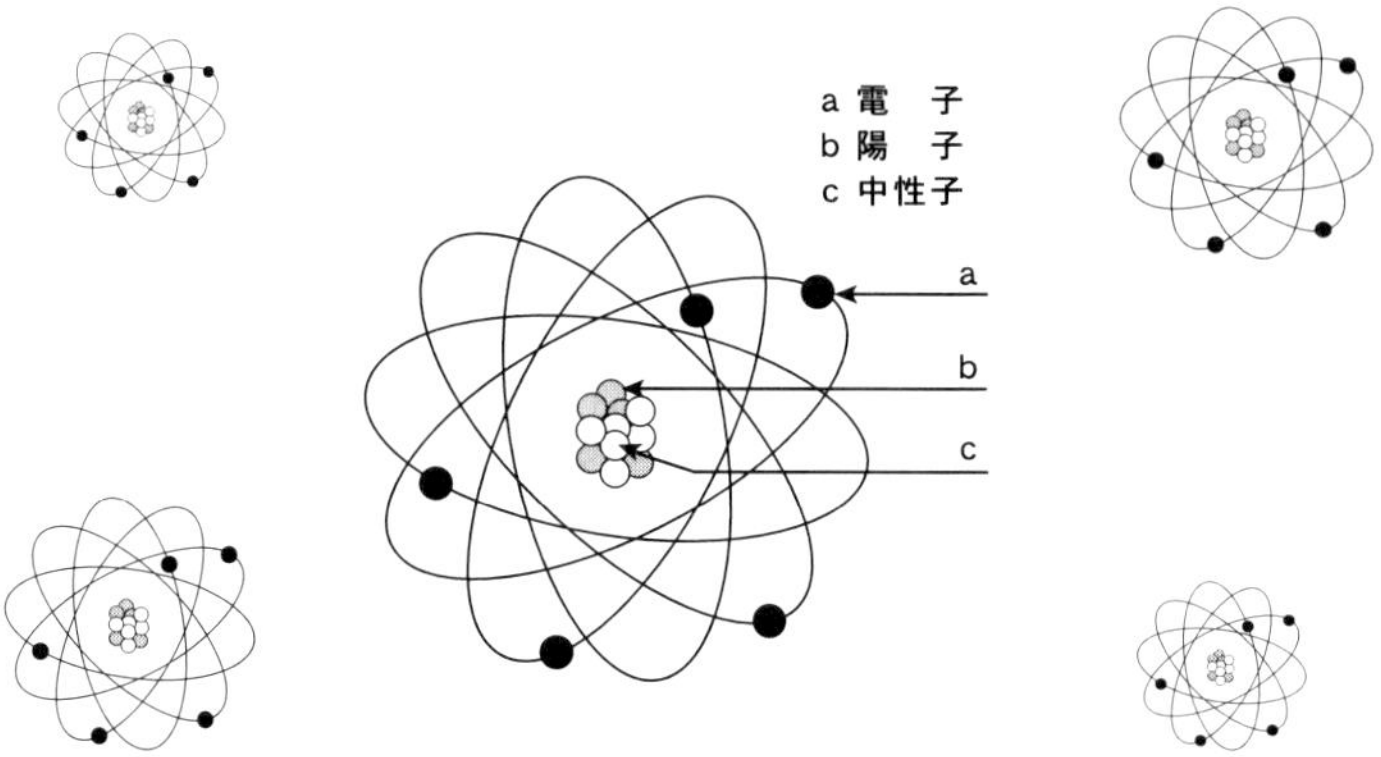

と、原子で構成されていることがわかります。

要するに、この世に存在するものをバラバラに分解したら、すべて原子になってしまうのです。私たちの体や血液や骨、髪の毛全て原子でできています。本、机やイス、動物、植物、そして空気や光、水、電気やガスなどのエネルギーも原子でできています。

原子の構造を考えてみましょう。

この原子の真ん中には原子核があり、その周りを数個の電子がぐるぐると高速回転しています。つまり、原子はじっと静止している物体ではなく、常に動いていて、エネルギーをもっているのです。そして、電子が高速回転をしているリズムが波動として、周囲に伝わっていきます。

波動とは、ある振動（揺れや波など）が周りに伝わっていく現象のことです。もっともわかりやすいのは、水面に石を投げ入れたとき、波が円状に周囲に伝わって大きくなっていく現象、あれが波動です。私たちは日常的に、波動を実感しながら生きているわけではありませんが、私たち自身を含めて、あらゆるものの実体は原子レベルでは波動なのです。人間や動物の体、机やイスや紙、楽、植物といった物体のみならず、空気、水、太陽の光や熱、電気の光や熱、いいえ、それのみでなくなんと言葉も原子で出来ていて、波動を発信しているのです。感情は脳の電気信号ですので波動そのものです。また出来事も波動です。

私たちは、あらゆる物や事、言葉から発せられる波動と、自分が発信する波動とが共鳴しあい、その結果エネルギーの「場」をつくりながら生活しているのです。人々の意識が共鳴、同調し合い、つくる場のことを「意識場」とよびます。場のことを一般には社風や家風、その場の特有の雰囲気などと呼びます。人々の独自の意識のエネルギーが共鳴しあう場をそう表現するのです。

会社などグループや組織は独自の意識場を持っていて、その波動と自分自身の波動がどこかで共鳴した時、その会社に就職したり構成員になったりするので、表面的には偶然に見えても決して偶然ではなく、自分にぴったり合った必然の縁なのです。

出来事も波動ですから、事故現場などには、とても荒い波動が強く出ています。水と鉱物がエネルギーを一番吸着しやすいので、水と鉱物が粒子化した土でできている地面に、事故のマイナスエネルギーが帯電しているのです。そこへまたイライラ波動を持った人が、車で通りがかったりすると、地面に帯電していたエネルギーと共鳴してしまい、またそこで事故をおこしてしまいがちです。さらにその地には荒い波動がプールされて「魔の場所」などといわれる交通事故の名所になってしまいます。

このように波動の種類は無限にありますが、運命を良くする波動のことを、高い波動とか精妙な波動といい、悪い波動のことを、低い波動、荒い波動などと言う言い方をします。

あなたがおだやかな気持ちでいるときと、落ち着かない気分のときでは、発している波動が異なります。そして自分が出している波動と同じ波動の人や場所や出来事と引きあうのです。またどんな気分のときも変わらず出ている自分自身のオリジナルで根底的な波動もあります。それらの総合的結果で運命が決まっていくのです。

オリジナルな波動の中には、例えば昔あったトラブルで誰かを恨んでいると、その恨みの波動がその事を意識していない時も出ているし、その出来事をすっかり忘れてしまっていたとしても潜在意識に残っていると波動としては発信していて、やはり同じマイナスの波動を持った人や出来事を引き寄せてしまうのです。

このように波動は、同じ波動をもったもの同士が引き合い、共鳴する、という性質を持っています。マイナスの波動を持っている同士は引き合って出会い、そしてまた、プラスの波動を持っている同士が集まるという仕組みです。類を持って集まると言うわけです。また自分のなかにも無限のプラスとマイナス、両方の波動がありますが、その中のひとつの波動と同じ波動を強く受けると、朱に交われば赤くなるという現象になる、つまり周りの波動の影響を強く受けるのです。しかし、自分にまったくない波動の人や出来事にはまったく縁をもつことはありませんから、多かれ少なかれ、自分の中にある波動を引き出された結果として出会い、運命としてあらわれるのです。

学生の時、音叉（金属でできたU字型の棒の下に木で出来た共鳴箱がついているもの）を使って共鳴の実験をしましたね。片方の音叉をピーンと叩いて鳴らすと、何本かある中の1本の音叉が叩いてもいないのに、ひとりでに鳴り出します。鳴り出した音叉と最初に叩いて鳴らした音叉は音の波動、周波数が同じなのです。自分の人生におきる出来事は、事故やトラブルだけでなく、偶然に見える素敵な出会いも、就職も所属する学校も必ず波動がどこかで共鳴同調しているから縁ができるので、同調しないことには縁は持てないと言うのが、宇宙の法則なのです。

地域で決められているからこの学校へ通うと言うのは表向きの理由で、地域の持つ波動を自分もその学校も持っているのです。だからこそ通えるのであって、もし一切同じ波動を発していなければ、その学校に通うことには絶対にならず、私学へ行ったり、たまたま転校することになり他の学校に通うことになります。

波動の共鳴同調の法則は真理なので、例外はありません。例えばイライラしているときの運転者の波動は荒くなりますので、事故に遭いやすいのです。しかし、原子レベルで荒い波動を発していなければ、いくら荒い運転をしても事故には遭いません。

職場をぐるりと見渡してみてください。

あなたの職場にも「私は損をしている」「なんで自分ばかりに面倒な仕事がまわってくるのか」など、いつもマイナスの波動を出している人がいませんか。そういう人ほど、さらなる不幸に見舞われたり、トラブルに巻き込まれてはいませんか。例えば、大事な商談に向かう途中で追突されて商談に遅刻、そのために大きな取引のチャンスを逃してしまうなどという具合に、「オレはツイてない」と損をする結果になるのです。

本人にしてみれば、不幸やトラブルが重なるから「自分はツイてない」と愚痴をこぼすのでしょうが、真実はまったく逆です。愚痴をこぼしてマイナスの波動を出しているから、低い荒い波動に共鳴してマイナス要因を引き寄せるのです。

追突された被害者は、３次元的には被害者ですが、波動的に見れば自業自得、自分の出している波動に会う人や物事を引き寄せてしまっただけなのです。

逆にいつも、「ツイテル」、「ありがとう」という口癖を持っている人ならば、偶然誘われて参加した異業種交流会で、ちょうどタイミングよく出会いがあり名刺交換し、大きな商談がまとまったりするのです。またそういう人はもしも事故で商談がつぶれても、「この話、もしこのまま突っ走っていたらもっと大きなトラブルに見舞われていたかもしれないな。大難を小難にしてもらえた」と受けとるでしょう。まさに危ないところを救われて、さらに運気を上げてゆくのです。

人生というものは、全て自分の発信している波動と同調する出来事としか出合わない、同調する人や職場としか出合わないものなのです。だから波動を上げることはそのまま運氣を上げることになるのです。

運命を変えるツールその1
笑顔……心から笑えなくても笑顔を身につけられる

命を運ぶ道具として大切なものは、なんといってもまずは「笑顔」です。

もし、あなたが笑顔を絶やすことなく毎日を過ごしていれば、間違いなく運が良くなっていきます。

「だからいつも笑顔で暮らしましょう」と言うだけなら絵に描いた餅のような話です。

だって日常生活のなかには、辛い仕事もあれば、人間関係に苦しむこともたくさんあります。家事に疲れている人もいれば、育児ノイローゼにかかっている人だっているでしょう。

そんな人たちに向かって、「笑顔を絶やさずに」と理想論を述べても意味がありません。それどころか、「笑顔も出来ない自分なんだ」と自己否定に陥って余計に運が悪くなってしまうかもしれません。

そんなとき、私はこう言うようにしています。

「心から笑えなくていいのです。そのままの自分でいながら、あとちょっぴり笑顔を作る勇気だけをもってください」

そう、辛いときや悲しいときに、ヨイショとほっぺを持ち上げて笑顔になるには、ちょっと勇気がいるのです。実はこの勇気が持てなくて笑顔を作れない人も多々いらっしゃるのです。

つまり作り笑顔から始めようという提案です。

作り笑顔でも効果があることを知っていますか？

笑顔の効用は、近年よく知られるようになりました。

でも実は作り笑いにも、大切な意味とメリットがあることをご存知ですか？　心からの笑顔効果よりゆるやかではありますが、作り笑いにも心からの笑顔とまったく同じ効果があります。免疫力、つまり癌細胞や病原菌と戦う力がアップ、病気を予防したり、病気になりにくくなるのです。

ほかにも、笑うことで脳内モルヒネ系のホルモンが分泌されます。するとモルヒネ様物質ですから、心も体もとろけそうなほど「ああ、いい気持ち」という幸せ一杯の気分になり、その結果、自律神経のバランスが良くなります。自律神経は内臓諸機関をコントロールしているだけでなく、寒い時には毛穴を引き締め、熱を逃がさないようにし、熱いときは発汗を促して体温調整をしたり、ドライアイにならないように瞬きをさせてくれたり、呼吸のコントロールなど、身体機能が順調に働くように調整してくれている機能でもあり、心と体を結びつける役割を果たしています。ですから、自律神経のバランスが良いと健康になるのです。

笑顔のすばらしい効果は、それだけではありません。脳波がアルファー波になります。アルファー波になると、技術力や判断力、知識、効率性など全ての面において自分が本来持っている最高の力が発揮できるのです。集中力が出て、その上人間のもつ不思議な力である直観力が出てきます。これからは直観力が大切になる時代です。

そして笑顔をつくると一瞬で波動が上がり、その結果運氣がアップしはじめます。実は笑顔とは、プラスの波動を発信するためのものといえます。

この波動の変化を、身体を使ってチェックする方法があります。足をそろえ、左右の手の指先をそろえて、まずは何もせずにゆっくり前屈してどこまで曲がるかをチェックしてみてください。次に、奥歯をかみ締めしかめっ面で前屈、その次は、笑顔を作って前屈してみましょう。

ほーら、作り笑顔でもより深く曲がるでしょう？ 私たちの筋肉というのは波動のセンサーでもあり、良い波動と共鳴すると、やわらかくなり深く曲がります。低い波動だと固くなって曲がり方が浅くなります。生体というものは、よほどストレスを貯めるか体をいためていない限り、プラス波動です。だから、プラス波動のものやことと共鳴してより深く曲がるのです。タバコなどマイナス波動の物を持って前屈すると筋肉は硬くなり、水晶やお花などプラス波動のものを持って前屈すると深く曲がります。是非やってみてください。

ただし、疑いながらやるとこのとおりになりません。信じたとおりになるのが宇宙の法則ですから、信じてやってみてください。

このように作り笑顔の状態でも一気に波動が上がるのです。そして笑顔でいると格段によい波動のものが集まってきます。その差は、歴然としているのです。

だから「笑う門には福が来る」というのは本当なのです。これらの力を日常生活やビジネスにも応用しないのはもったいないことです。

笑顔ひとつで人生はコントロールできる

笑うという行為は人間だけに与えられた特権です。イヌはシッポを振って喜びを表現しますが、人間のように心を顔に表しません。表情筋がないのです。人間は、ほかの動物にはない表情筋が豊かに発達していて、複雑な表情を作り出せるようにつくられています。しかも、表情筋は、自分の意志で動かせる筋肉である随意筋なので、どんな状況（心情）のときでも、自分の意識で表情を作り替えることができます。悲しいときやちょっとイライラしている時でも、意識して笑顔を作ることができるのです。

そんな能力を与えられているのは、人間だけです。神様は人間にだけに、自由意志によって表情を作りかえることができる力を授け、その結果、悲しいとき辛いにも脳内モルヒネを出してリラックス状態にもって行き、その結果イライラや怒りを緩和し、場合によっては喜びの気分に転換させることさえできるという、素晴らしい能力を与えてくださったのです。つまり、外的に与えられた環境に左右されっぱなしではなく、自分の人生は自分でコントロールして、その結果運命まで変える力が与えられているのです。

この能力を使っていない人が多くいらっしゃるのはとてももったいないことです。またそんな作り笑顔の力の存在さえ知らない人が多い現状を変えたくて、私は笑顔セラピーでお伝えし続けているのです。

笑うという行為には、楽しさやうれしさを表現するという大切な役割があります。うれしい出来事があれば、自然に笑みがこぼれるでしょう。しかし、笑顔の役割はそれだけではありません。笑顔には、楽しくコミュニケーションをするための道具という重要な役割があるのです。

見知らぬ人を紹介されたときのシーンを思い出してください。「あなたに会えて、ハッピーだ」と心から思えなくても、お互い笑顔で挨拶しますね。心のなかでは「どんな人だろう」とか「小柄な人だな」などと思いながらも、笑顔でコミュニケーションしているはずです。まさに、作り笑顔です。しかし、そんな場面で「作り笑顔はダメ、笑顔は心から」と言う人はいないでしょう。

日常生活に笑顔を増やして運氣をアップさせようというのも、まずは笑顔を作ることからスタートでいいのです。実際、ハードな仕事に携わっていれば、「心からの笑顔なんてとても無理」という人も少なくないでしょう。体調が悪くてもお客様の応対をしなければならない接客業の人、何度も断られながら外回りをしている営業職の人、かみ合わない上司や仲間との共同での仕事など、心から笑えない状態で働く必要のある場面は山ほどあります。仕事には、そんなときのほうが多いのが現実ですね。

だから、笑顔作りの練習がとても大切なのです。最初は心がこもっていなくても、つくっている内に脳内モルヒネが出て心が入ってくるのです。だから安心して笑顔作りに励んでください。

まずは、笑顔になることこそが、運氣をあげる最初の一歩、少しの勇気と気づきが必要なのです。だって大変な事態の真最中、自分の表情のことなどすっかり忘れているでしょう。思い出したとしても「笑顔なんて出来ない」と意固地な反応になってしまうものです。しかしです。ここが重要ポイントです。ここで運命が分かれるのです。

最初から最後まで自分にとって都合よく出来ている人生などどこを探してもありません。不都合なことが起きたとき、最初の一歩をどちらの方向に歩みだすかの差が積み重なり、長い人生では大きな差となって取り返しがつかなくなるのです。さあ、まずは今ここから、辛いままでもいいから、第一歩は笑顔作りからスタートしましょう。

笑顔だけで、家庭はもちろん、お仕事もラッキーチャンスを得た洋子さんのお話です。洋子さんは電話営業の仕事を始めましたが、まったくオーダーが取れずに悩んでいました。焦れば焦るほど見事に断られてしまうのです。そんな時に笑顔セラピーの本を手に取り、これしかないと直感的にひらめきました。まず自分には潜在能力あると書いてあるところが心に響き、私にも営業が出来ると信じることにしました。表面にあらわれている力は３％で、まだ発揮できていない97％の潜在能力が笑顔になると発揮できると書いてありそれが響いたのです。

そして、電話の前に鏡を置いてまず口角を上げて笑顔を作りました。すると信じる気持ちが少し強くなった気がしたのです。（ここが大切です）そして素直な気持ちでお客様とお話をするように心がけました。すると初めてオーダーがいただけたのです。勇気が出た洋子さんは、ますます欠かさず笑顔を作ってから電話のダイヤルをまわすようにしました。すると、成績が少しずつ伸びはじめ、ますます明るい気持ちになり自分がどんどん変わってきました。成績も上がる一方です。

そこで周りの仲間で悩んでいる人にも、笑顔を作ってみるようにすすめると、みんなも笑顔を実践し、営業所全体の成績が上がってきたのです。ついに他の営業所を抜いて1位になり、洋子さんは功績が認められ、1年後には新人の研修係に抜擢されました。洋子さんはその後笑顔セラピーに通って、学んだことをみんなに伝え、ますます仕事場が笑顔一杯で楽しくなっているのです。

もう一つ、洋子さんの次男が中学生になり、好きなバスケットボール部に入りました。しかし小柄な彼はなかなか思うようにプレイが上達せず、仲間にも「お前がチームの足を引っ張っている」などと言われてすっかり落ち込んでしまいました。学校にも行きたくないと言い出し、困った洋子さんは彼に、「笑顔で君の潜在能力が出るんだよ。能力がないんじゃなくて、うまく発揮できていないだけ。笑顔を作れば能力が出るよ」と言い続けました。彼もそのことを信じてくれて、担任の先生と相談しチームプレイではない陸上部に入って、どんどん力を発揮できるようになりました。もともとゆっくりペースな子だったのですが、笑顔づくりと潜在能力があると信じることで、成績もグーンと上がり、いろんなことに自信を持ってやる気が出てきました。

幸せだから笑うのではなく、笑うから幸せになる

セミナーをしているとよく感じることなのですが、世の中には「笑顔は心からでなければダメ」と思い込んでいる人が本当に多いのです。「心からの笑顔」という言葉が神格化していますが、その教えがどれだけ人にプレッシャーを与えているかを考えてみてほしいのです。

笑顔セラピーに参加した孝子さんは「徳島から大阪までわざわざ、海を越えてまでなぜ笑顔セラピーに来たのだろう」と思うほど笑顔が素敵で背筋がのびた好感度ナンバーワンの人でした。しかし、最終回の授業が終了した後、彼女は次のように打ち明けてくれました。

「実は、このセミナーに参加する前は、毎日死にたいと思っていました。家庭も仕事も

行き詰まっていてとても苦しかったのです」。よくよく聴いてみると、ちょっとした仕事や家庭のトラブルが重なり、自信をなくし、追い詰められた末に笑顔セラピーに参加したとのことでした。

作り笑顔をすることは人を欺くことだと思っていたので、暗い顔のままで人々に接していました。彼女の顔付きが人を遠ざけていたのです。ところが、セミナーの初日に「作り笑顔でいい」という話を聴いて目からうろこで、とても救われたそうです。

そして笑顔を作ることに努力し始めると、元々能力のある養護教諭だった孝子さんは、子供たちから慕われるようになって、やり場のない気持ちの行き詰まりが雪解けのように流れて消えて行き、やがて父兄からも慕われ、たくさんの人が孝子先生に相談に来るようになりました。とても忙しくなり、自信が回復したのです。笑顔を作ることで、まわりの人々に彼女は親しみやすさと愛を与えたのです。

人間は人の役に立ち、人から感謝されると必ずパワーアップして、運氣も上がってゆく、これは例外のない真理です。その結果家族の問題や職場での失敗も、次第に解決していくことは想像に難くありません。

今、彼女は小学校の教頭先生をしながら、地域の文化活動のリーダーを務めるなど、とても充実した人生を楽しんでいらっしゃいます。そして彼女の地元である徳島に時々私を招いて、講演会を主催してくださいます。まさに作り笑顔によって、彼女も周りの人々も私も幸せになれたのです。

仕事やプライベートを問わず、さまざまな悩みを抱えて苦しんでいるなら、心から笑顔になるために、まずは笑顔作り名人になりましょう。人生を積極的に生きるための第一歩、自立の第一歩が笑顔作りです。

ただし、本音を隠す目的の作り笑顔はダメです。よく自信がなくて不安な気持ちや自分の怒りや敵意を笑顔で隠そうとする人がいます。嫌われたくない、バカにされたくないから笑顔を作るのです。敵意を丸出しにすると相手からも敵意が返ってきて、辛い事態になる、だから笑顔を利用する、そんな作り笑顔のことを笑顔セラピーでは「隠れ蓑の笑顔」といっています。

隠れ蓑の笑顔では、いつまでたっても心からの笑顔が出るような自分に成長してゆきません。笑顔作りの目的は、あくまでも、心からの笑顔が間に合わない時のためのものです。心からの愛と自信のあるプラス思考の自分に成長するための手段として、笑顔作りをお勧めしているのです。手段は作り笑顔でも、目的は心からの笑顔でなければダメなのです。隠れ蓑の笑顔にだまされた時に、人々は作り笑顔を嫌い蔑視するようになるのです。

そう、人間は幸せだから笑うのではなく、笑うから幸せになるのです。

幸せへの切り替えスイッチ「笑顔体操」

「作り笑顔でもＯＫ！」とわかっても、どうしても笑顔が作れないときがあります。

育ってきた環境や性格によって、人と向き合うと緊張したり構えてしまってすぐ表情筋がこわばってしまう方もいます。また、本当に辛く苦しいことがあったとき、ストレスが満杯のときなど、笑顔作りは決してたやすいことではありません。あなたの目の前にどうしても許せない人がいると想像してみてください。大嫌いな上司、言うことを聴かない部下、身勝手な言い分を主張してくるお客様・いじわるな姑などなど……。さて、あなたはその人の前ですんなりと笑顔を作ることができるでしょうか？

笑顔を作るには、暗く落ち込んだり、不安になったり、相手を攻撃したくなる気持ちを、プラスの気持ちに切り替える必要があります。気持ちを切り替えるためには、大きなエネルギーが必要です。プラス思考の人というのは、落ち込まない、怒らない人のことではありません。まして不安のない人など世の中にはいません。プラス思考の人というのは、気持ちを切り替える勇気とパワーを持った人なのです。逆にマイナス思考を一路突っ走っている人は、必ず我の強い切り替え下手な頑固な人です。智恵があり、切り替え方をよく知っている人がプラス思考の人なのです。

神様は人間だけに、切り替えスイッチを与えてくださいました。そのひとつは笑顔のために使う表情筋とその表情筋の動きによって刺激されるツボ（経絡）です。これをうまく使いこなすことはすばらしい叡智なのです。

頬骨のすぐ下を押さえると、骨の継ぎ目で1箇所指がポコッとおさまるところがあります。ここがツボです。この上に大頬骨筋があって、その筋肉を笑顔の形に引き上げるとそのツボが刺激を受け、脳に指令を送るのです。また目の周りの笑いジワが出来る辺りにも点々とツボがあって、笑顔作りの筋肉の動きで刺激を受けると、脳内モルヒネ、アルファー波が出て、全てが良くなるという仕組みになっているのです。

笑顔セラピーでお伝えする「笑顔体操」は、このツボ刺激にとても効果があります。どんなにイヤな気分のときでも、コツさえ分かっていれば筋肉を上下左右に動かすことは出来ます。

笑顔体操のやり方はいたって簡単です。（50ページ参照）

①口角（口の端）をぐっと上に持ち上げてから戻すという動きです。頬に口の端から耳に向かって斜めについている大頬骨筋という筋肉を、耳の方向へもちあげるのです。これで頬のツボが刺激されます。

②もうひとつは、頬の上の方の筋肉を持ち上げて、戻すという動きです。頬の高いところ（目のすぐ下）を持ち上げると、ほっぺが上がって目が細くなり、目じりの辺り

に笑いジワが出来、そのあたりにたくさんあるツボが刺激されます。ウィンクをしている時と同じ筋肉の動きです。両目ウィンクをします。しかし目を完全に閉じてしまっては笑顔にはならないので、細く目を開けてみましょう。

③最後に①と②を同時にやると笑顔の完成です。明るい笑顔や温かい笑顔、おおらかな笑顔、おちゃめな笑顔など、楽しく自分の笑顔のデザインをしてみましょう。洋服や髪型をデザインするように笑顔もデザインしましょう。タレントさんや女優さんの多くは魅力的な笑顔をデザインしていらっしゃるのです。

頬をぐっと持ち上げているときは幸せのスイッチであるツボを「オン」（すると脳内モルヒネという快感をもたらすホルモンが分泌される）、頬の筋肉を降ろすときには幸せのスイッチ「オフ」です。このオンとオフを数回繰り返します。１回２分くらい、１日に２回位やりましょう。頬の筋肉が柔軟になって、どんな時にでもすぐに笑顔が作れ、脳内モルヒネが出てアルファー波になり心がほぐれリラックスし、波動が上がります。笑顔体操は幸せのスイッチをオンにすることができる心の柔軟体操なのです。

高校バレーボールチームの凄腕監督である川合氏が、強いチームづくりのコツは「笑わせること」であり、「楽しくバレーをやれ！」と選手たちに言っているといいます。それまでは試合に負けたりするとマイナス意識を引きずっていましたが「１回笑うとマイナス

笑顔体操

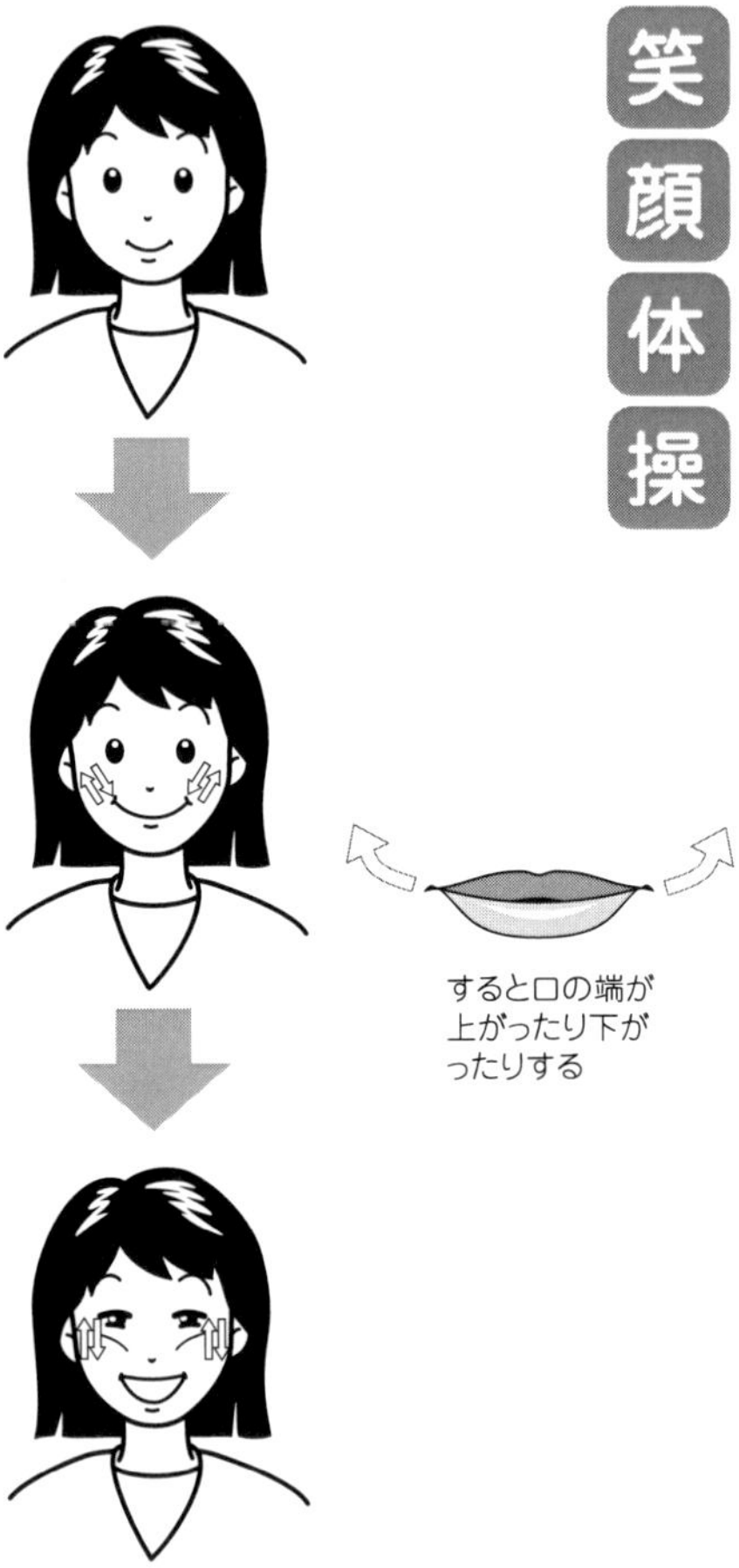
大頬骨筋（口の端から耳に向かってついている）を上げる・戻す
頬を上げて・戻す
上げて・戻す
（目が細くなる）

1日1〜3回やりましょう。
例えば、朝と寝る前や出勤したときなど。
素敵な笑顔が身につきます。

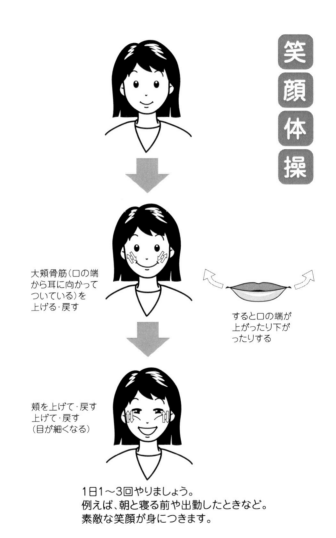

の気持ちがいっぺんに飛んでしまう」とおっしゃっています。

ぜひ、実行して習慣にして、マイナスパワーをどんどんプラスに切り替えましょう。

この笑顔体操をしながら、激しい怒りや不安感を持続させることは不可能です。知らず知らずのうちに気持ちが落ち着いてきて、氣の流れが良くなってくるのです。

毎朝一分でも鏡に向かって、笑顔体操をしてみてください。あるいは、会社に行く前、取引先や営業先のドアを開ける直前、人と会う前などに笑顔体操をする習慣をつければ、笑顔が作りやすくなるばかりか気持ちもほぐれてコミュニケーションもスムーズになります。

笑顔体操は、まさに幸せへのスイッチ・オンなのです。

笑顔が苦手な私が笑顔セラピーをつくれた理由

実は、私も初めから笑顔が得意だったわけではありません。

私は、小学校の頃から神経質、マイナス思考で強迫神経症の症状に苦しんでいました。

22歳の頃失恋をキッカケに不安神経症、自律神経失調症の症状でとうとう入院することになってしまいました。そんな私ですから運氣は最悪、でも人並み以上の努力で、何とか人生のつじつまを合わせてきたのです。

しかし運の悪い私はとうとう、幼い子を連れての離婚という危機に陥り、もう死にたいとさえ思う毎日でした。しかし子供がいるので死ぬわけにもいかず「母は強し」で歯を食いしばって立ち上がり営業の仕事についたのです。しかし、門前払いを受ける毎日で、まったく売れません。

ある日販売地域を歩いている私を見ていた上司に「そんな顔でモノが売れるか。笑わんかいな」と一喝されました。当時の私といえば、歯を食いしばって頑張っているわけですから、とても暗く深刻な顔をしていたのでしょう。上司が言うように、そんな暗い顔をしたセールスマンの話を聴いてみたいというお客様がいるはずがありません。

その一言をキッカケに、私は鏡の前で毎日笑顔の練習を始めました。当時はまだ幸せのスイッチ・オンという発想はなかったのですが、とにかく真剣に口角やほっぺを持ち上げて、笑顔の練習と「こんにちは」と明るく元気な声を出す練習をしたのです。

普段マイナス思考でイライラしている母親の顔しか見ていない子供たちは、怪訝そうな顔で私の笑顔練習をのぞき込んでいました。子供に見られているとさすがにやりにくいので、お風呂タイムで練習を続けました。6帖一間安アパートで、個室というとトイレとお風呂しかなかったのです。氣まじめな私は、ひたすら毎日笑顔の練習を続けました。

また、同じ頃に出会ったある本が、さらに私の運命を変えてくれました。その本には、言葉とイメージで人生は変わる。言葉どおりイメージどおりのことが起こると書かれていました。とても引きつけられて読んだものの、まさか「言葉だけでお金が儲かり、イメージで子育てがうまくいく？　そんなバカな」と、信じられませんでした。

しかしこのままでは行き詰まるしかありません。何かを変えなければならないのは明らかです。切羽詰まっている私には、他に頼る術もなく、タダでできる言葉とイメージ作戦をやってみることにしたのです。「私は売れるセールスマン、未来は明るい」という暗示用語を作って寝る前や、通勤途上など、暇さえあれば唱え続けました。すると、なんだか気持ちが楽になり、笑顔の練習もやりやすくなったので、まあ「やらないよりいいか」と、その言葉作戦も黙々と続けていました。

その結果、私の人生は劇的に変化しました。３ヶ月目の半ばでやっと初めてのオーダーをあげることができ、４ヶ月目にはトップセールスマン賞を取るにいたりました。そしてその後も順調に仕事ライフが進み、又言葉とイメージ作戦で夢だった社員教育のインストラクターの仕事に就くことができたのです。

言葉とイメージについては後ほど詳しくお伝えしますが、とにかく私は笑顔と言葉によって見事に人生の危機を乗り越えて運命を大転換し、とても幸せだと思える日々を手に入れることができたのです。

笑顔作りには真剣な決意が必要

「人間関係には笑顔が大切」、これはどんな本にでも書いてある基本中の基本です。しかし、それほどまでに重要なことでありながら、意外なほど笑顔作りに真剣に取り組んでいる人は少ないのです。

あなたはどうでしょう？　これまでの人生のなかで、自分の笑顔のために本当に真剣に取り組んだ1年があるでしょうか。朝から晩まで笑顔を意識し、笑顔作りの努力で明け暮れた1ヶ月があるでしょうか？　あったとしたら「スチュワーデスの試験にパスするため」とか「モデルの仕事でいい写真を撮るため」等という動機に対して真剣なのであって、「笑顔になりたい」と言う目的が本命ではなかったのではありませんか？　しかし、○○試験にパスするために朝から晩まで努力した1年とか、彼、彼女のことが頭から離れない恋一色の数か月、病気を治すために必死の年月、等というのは誰しも経験したことがありますね。

笑顔というのは、日常生活のなかで、自然に現れ増えてゆく雑草のようなものではありません。笑顔を作るという真剣な決意が必要です。決意して練習すれば誰でも、必ず笑顔一杯の素敵な自分になることが出来ます。そして笑顔が作れる人は運が良く、とってもハッピーな毎日を過ごすのです。

幸せになれることを漫然と望んでいるだけでは、幸せはやってきません。かえって社会や運命に翻弄される嵐の中の小船のような人生になってしまいます。笑顔は、しっかりと自分でゲットするべき人生の目標であり、人生を輝かせる無料で最高品質のダイヤモンドなのです。

笑顔は自分自身の責任と自由意志のもとに、自分で意図的に作り出すものです。笑顔を作り、幸せを引き寄せることで、運命が変わっていきます。

こんなふうに言うと、とても大げさに感じるかもしれませんが、やることはいたって簡単です。一日数分、笑顔体操をしてみてください。試してみる価値はおおいにあるのではないでしょうか。

成功者は挨拶と返事の大切さを理解している

笑顔体操をして笑顔作りが上手になったら、日常生活にどんどん活かしてください。

日常には笑顔のチャンスが溢れています。ところが、笑顔作りを決意せずなにげなく暮らしていると、せっかくの運氣アップの好機、笑顔のチャンスを逃してしまいます。笑顔を作るチャンスには、まず「挨拶」「返事」「お辞儀」の3つがあります。一日を振り返ってみると、挨拶、返事、お辞儀をする回数はかなり多いと思います。

さて、あなたは、本当に挨拶ができているでしょうか？ 挨拶とはどんな、意味があるのでしょう？

挨拶の「挨」という字は「開く」という意味で、「拶」には「迫る」という意味があります。つまり、挨拶とは「心を開いて相手に迫る行為」です。「こんにちは」「おはようございます」「いらっしゃいませ」などの挨拶をするのは、まず自分の心を開いて、「私と仲良くしてくださーい！」と相手に向かって積極的に迫っていくという意味なのです。

普段の挨拶で、あなたは自分の心を開いていますか。「心を閉ざす」とは「私はあなたが嫌いです」「あなたに本音で接しません」「あなたを理解しようと思いません」などという意味ですから、逆に「開く」とは「私はあなたが好きです」「あなたに私の本音を見せます」。そして「仲良くなりたい」という気持ちを表しています。そして、「あなたも私に心を開いてくださいね」と迫っていくということです。つまり、挨拶とは積極的に「好意の確認、交換をしましょう。その上で今日も、良い人間関係を結びましょうね」という意思表示をしているわけです。したがって挨拶は、仕事の報告や連絡以前に、まずスタートラインで調和した人間関係を結ぶ行為で、とても大切なことなのです。

では、どのように挨拶をすれば、「開いて迫る」ことがうまくできるのでしょうか。

心を開いていることを表すのは、なんといってもまず笑顔です。笑顔はとっておきの好意「あなたが好きです」「あなたと仲良くなりたいです」という気持ちをしっかりと伝えます。

次に声のトーンが低いと暗い感じがしますから、普段の話し声より、三音くらい上げる、つまりド・レ・ミのミの音で発声すると明るく響き、心を開いていることが相手にスーッと伝わり、気持ちのいいエネルギーが周りに広がります。接客のプロ、アナウンサー等声のプロは、明るい声を作るため発声練習をします。あなたも笑顔と明るい声で心を伝えましょう。

それから、声が明るい高めのトーンであっても、蚊の鳴くような弱々しく小さな声での挨拶だと、パワーが相手に届かず、迫っていくことが出来ません。声はその人の持つパワー、活気を表します。だから元気の良い声、つまり大きめの声で挨拶をしましょう。

次に「迫る」ためには、目を見ることです。目は心の窓といわれるように、意志を伝えると共に、心のエネルギーをしっかり相手に送り届ける力があります。だからアイコンタクトでしっかり相手の心と繋がれて、しっかり好意の交換が出来る、つまり迫っていけるのです。もし伏し目がちに挨拶している人がいたら、自信がないか、相手を受け入れられなくて心を閉ざしているのです。私の愛犬は、しばらく目を見つめてやると、必ず私のひざの上に上がってきます。犬もアイコンタクトで愛を受け取るのです。

笑顔で、高めで明るく元気のいい大きな声で、目を見て挨拶をしたら、心を開いて相手に迫っていけたということです。まず笑顔をつくると、不思議なことに声の張りや明るいエネルギーは自然に生まれてきます。だからまず、笑顔体操を習慣にして、笑顔を作るようにしましょう。

それでも自信がなくてパワー不足、また気分の乗らない時などでうまく挨拶できなくても、十分に心の開いた挨拶をするコツをお教えしましょう。先手必勝！相手より先に挨拶することです。後手になったときには、相手よりさらに元気で明るい声や笑顔で挨拶しなければ、ただ返礼をしただけで「心を開いている」と通じません。それでは残念なので、そんなときには、一言付け加えることです。「おはようございます。いいお天気ですね」「こんにちは。昨日はありがとうございました」「お先に失礼します。お風邪お大事に」などなど。すると心が開いていることはちゃんと伝わります。

人間関係に自信のない人は、常に軽視されていないか、嫌われているんじゃないか、仲間から外れないかしらと、不安感や恐怖心を抱いているといっても過言ではありません。相手が自分にどんな挨拶をしてくれるか？笑顔があるか？目を見てくれたか？など、自分への好意がどの程度なのかを人は無意識に、そして敏感にチェックしているものです。上司や仕事仲間はもちろん友人、そして不安や孤独を感じている時には、家族に対してでさえ、相手の好意がしっかり自分に向いているのか、それとも上の空でほかの事を考えながらの「おはよう」なのかを気にしているものです。特にあなたがプラス思考なら「マイナス思考の人は、心の中で相手の挨拶に敏感に反応している」ということをいつも頭にいれておいてください。そっけない挨拶が続いてもまったく気にかけないのは、よほど達観している人か、修復する気も持てない冷え切った関係のときです。

「私はあなたを認めています。好きです」と挨拶を通じて伝えることが、人間関係の基本です。基礎工事がしっかり出来ていないところに家を建てるのはとても危険です。ビジネスライフも人生も、基礎ができていることが第一条件です。

一日の終わりに振り返ってみてください。今日一日、誰に挨拶しましたか？ まず家族、会社の仲間や上司、お客様、いかがでしょうか？ 目は？ 声は？ 笑顔は？ どうでしょうか？ 大切な方や上司にはもちろんですが、むしろ、自信がないかもしれない部下や、信頼関係が希薄な同僚、つい無視しがちなビルのお掃除を担当してくださる方々や守衛さんに対してこそ、しっかりと挨拶をしてください。下位の人をこそ、大切に縁を結ぶのが成功者に共通する大切な素養です。

笑顔で挨拶は日常行

このように考えてみると「笑顔で挨拶」は、日常の中で人間力を鍛える修行、つまり日常行ですね。頭の痛い日も風邪を引いている日も、そして苦手な相手、自分より目下の人、軽く見てしまいがちな人にこそ、今日のこのご縁に感謝を贈るために、笑顔で挨拶を実践するのです。

日常行にする上で、大切なことがあります。「笑顔を心がけます」と言わないでください。心がける、つまり努力するのでは修行にならないのです。努力とは「できるだけ笑顔を作る」なのです。そこには「できないときは仕方がない」という意味が含まれています。努力ではなく、「決意する」「やると決める力を持つ」ことが人間力であり、人生を変えてゆくのです。成功者の要件です。自分との固い約束です。

きっと、あなたも挨拶は大切だという認識をもっていらっしゃったと思いますが、ここまで自分の挨拶を高める努力をしていますか？　こう考えてみると、「たかが挨拶、されど挨拶」ですね。

挨拶は、しっかりと意識を持ってやる必要があります。「凡事徹底」という言葉がありますが、非凡なことを成し遂げる賢人は平凡なことに真剣に努力する人なのです。挨拶一つで仕事の成果も格段に上がり、仕事のステージも違ってくるはずです。

一般に、接客業や営業職の人は元気に挨拶するものだと思っています。しかし本当の意味で挨拶をしているかといえば疑問に感じる瞬間も多々あります。

たとえば、大声で「いらっしゃいませ」「ありがとうございました」と挨拶をする居酒屋のことを考えてみてください。威勢が良くて、店内には活気があります。

しかし、よく見ると接客者は、笑顔どころかお客様を見ようともしていないことが多いのが実情ではないでしょうか？　仕事の手を休めることなく器やレジを見ながら、ただ「いらっしゃいませ」と連呼しているのでは、挨拶という名の作業をしているだけです。それではお客様の心に響くわけがありません。

またお料理の味もおいしく感じられません。人間は気分の良いときには、脳内モルヒネというホルモンが出て、アルファー波になるとお伝えしました。そうなると感性が非常に高くなり、料理の持つほのかな甘みやうまみが敏感に感じられ、おいしく感じるのです。逆に緊張していたり、辛い時にご馳走を食べても、味がなく砂をかむように感じます。そういう時の脳波はベータ波になっています。これは味だけではなく、色や形、音などへの感性も同じです。

だから接客者の笑顔は大切です。笑顔は自分にも相手にも、アルファー波や脳内モルヒネを出させる作用があるのです。つまり幸せ波動は伝染し、店一杯に広がります。おまけに波動という見えないエネルギーは人数倍、回数倍の相乗効果があります。良い雰囲気はどんどん大きく広がって繁盛店ができあがるのです。逆にマイナス波動の店はどんどんマイナスになり、ついには倒産してしまうわけです。

店長はプラス波動の店作りをすることを目標にして、そのためにまず従業員、中でもパート、アルバイトの人に良い笑顔と愛を送ることから始めるべきなのです。もしあなたが、パート、アルバイトなら自分から、笑顔責任者だと自覚して仲間や店長に笑顔を送り、店を明るく良い波動の店にしましょう。その良い波動は必ず自分の運氣アップにつながるのです。

暗い職場ならあなたが笑顔責任者になろう！　運氣大幅アップのコツ

挨拶を作業としてやる接客者は、自分の仕事に誇りとプライドを持っていない証拠です。ひいては自分自身を落としめていることにもなります。

挨拶や笑顔ができていないことを、周りの環境や、労働条件のせいにしてしまいがちです。確かに周りが暗くて挨拶も交わさない中、一人笑顔で挨拶をし続けるのは、とても難しいものです。「朱に交われば赤くなる」で周りの波動に同調してしまいます。しかしそこが「人生を変えるチャンス」ですね。自分の波動に同調して縁のできた職場が暗いということは、自分の波動のどこかにマイナスがあるということ、職場が悪いと言う前に自分を変えるチャンスだと思うことです。

笑顔セラピーのステップアップコース「無条件の幸せセラピー」では、全て自分の見ている世界は自分の鏡であるから、環境の中のマイナスは自分のマイナス、自分がプラスになって良い職場、良い地域、良い世界を作る総責任者であるという自覚をしていただきます。すると不思議なことに、周りの人の性格や価値観まで変わってしまい、職場が変わり、自分が所属する世界が様変わりしてくる、そんな信じられないような奇跡が現実に日常的に起きています。「出したものが、必ず自分の元に返ってくる」という真理があるからです。まず、手始めに暗い不調和な職場の中で、周りに笑顔パワーを振りまいてみてください。継続は力、とにかく信じて続けることが全てです。

さあ、「やる」と決意して、勇気を出して笑顔を作りませんか。相手が返事してくれないから、自分もしないというのは、実は相手の波動の低さに引きずられて、ますます自分を落としめているのです。そういう相手に対しては、心の中で批判や悪口を向けているでしょう。波動の低いマイナス用語を使っているのです。声に出しても、心の中でひそかに思っていても、波動的にはまったく同じです。仕事を通して運氣が落ちていくのです。

相手に引きずられないこと、それが本当の意味の自立であり自由です。

また、こんな給料じゃやる気にならない、休憩時間もろくにないから疲れる、などと労働条件に引きずられて笑顔ができない人も、同じく会社に引きずられて自分の運氣を落としていることに気づいてください。お金で自分の大切な時間、つまり一度きりの人生の中の時間を切り売りするのは、本当にもったいなく辛いことだと思います。

自分らしい人生を生きるとは、自立し真のプライドを持って仕事に臨むことです。職種や立場にこだわることではありません。そのために笑顔で挨拶の日常行を目標にして楽しみながらやりましょう。まずは自分自身のためでいいのです。やり続けているうちに、周りからの好意が伝わってきて、笑顔をすること自体が楽しくなってきます。働くとは端を楽にすることです。そんな働き方をしていると、人生が楽しく幸せになるのです。

私がステップアップコース「無条件の幸せセラピー」の講座でお伝えしている深い真理の一つに「運は自分のやったこと以上の報酬をもらうと落ちる」ということがあります。運氣が上がり、会社への貢献度が認められた結果、昇進したり給与が上がります。それを感謝で受けとると運氣が上がります。しかしこれだけやったから当然とか、好条件を求めて就職をしたら、逆に運氣が下がるのです。運氣が上がった結果、自然と道が開けてより波動の高い会社に移り給与が上がるのはよいのです。しかし、求めて得たお金は、大きく運氣を下げます。

お金は「氣」を運ぶ道具です。求めた結果多額のお金を手に入れるなどということは本当に危険なことで、運氣が急落します。これは真理であり、例外なき法則であることを理解する必要があります。与えられたお金や立場を感謝して受け、そしてまた人々のためになるように使っていく、そういう順流（大自然の流れ）の流れに乗って進むと、仕事も人生も必ずチャンスや協力者が現れ、潜在能力が発揮でき、充実し、感謝と喜びをもって会社に、そして社会に貢献できる良い仕事ができるのです。もちろん得たお金で生活し、また英気を養って他のために働くのは、素晴らしい順流の営みです。得たお金で贅沢三昧をすると、また運氣は転落するのです。これは決して道徳的価値観でも教えでもありません。宇宙の厳然たる法則なのです。こういう真理を学ぶことは何よりも大切なことなのですが、現代の文化や教育の中には、残念ながら欠落してしまっています。その結果、うつ病や自殺者、引きこもりなどの心の病の人々が増え、過去にはなかったいろいろな病も多発し、戦争やテロもなくならず、日本も世界も行き詰まっているのです。

「取る」つまり「テイク」は地獄行き、「受ける」さらに「ギブ」は天国行きです。同じお金でも雲泥の差が生じるのです。お金や、賞賛や好意ほしさに笑顔をするのは根っこが「テイク」になっているということです。最初は、人間として仕事への本物のプライドから笑顔を作り、最後はお客様や仲間のために笑顔をギブし、人のためになる仕事をすることが、幸せへの第一歩です。

もし、あなたが上司の立場なら、是非笑顔で挨拶を、責任を持って周りに振りまいてください。上司と言う立場は笑顔責任者なのです。その課の課長がしかめっ面を決め込んでいたら、その課のメンバーは、引きずられて笑顔が出ませんね。

部下の「お先に失礼します」に対して上司がパソコンを見つめたまま「お疲れさま」と言うなどというシーンはどんな会社でも見受けられるのではないでしょうか。逆に上司の方から部下に向けて、いつも明るい挨拶が飛んできたなら、課の波動が上がり、雰囲気は明るく、みんなが安心感を持って働けるのです。メンバーの気持ちも晴れやかになって、仕事へのモチベーションも高まるでしょう。まさにいいことずくめです。

また、もしもあなたの上司が笑顔責任を全うできずにいたら、まだ十分に人間力が出来ていないか、よほどプライベートにご苦労を背負われていて辛い努力をがんばっていらっしゃる方なんだと理解し、あなたが笑顔責任者として笑顔を向けるようにしてください。するとあなたの波動がまずあがり、周りに波及してゆきます。周りの波動を上げる役割を受け持つことが一番大きな徳積みであり、運氣が上がることなのです。

会社へ着いたら、ドアを開ける前に笑顔体操をして、しっかり挨拶しようという意識を新たに実践してみてください。一日の始まり方が違ってくるはずです。

人間関係を大きく変える良い返事の力

日々仕事をしていれば、返事をする機会はたくさんあります。もっとも頻繁にある笑顔チャンスです。

挨拶同様、返事にも意味があります。返事の「はい」という言葉は「拝」という漢字を書きます。つまり、返事の「はい」は相手を拝むという意味なのです。「拝む」とは、相手を上位に見て尊敬と感謝を向けているということです。「あなたのおっしゃることを喜んで受け入れます」ひいては「あなたを尊敬と感謝で受け止めています」という気持ちの表れが「はい」という返事なのです。

手紙の頭に「拝啓」と書きますね。それはまず「あなたを尊敬と感謝の気持ちで受け止めています」と表明しているのです。手紙ではなく、呼びかけられ出会うときは、それを返事で表しているのです。

だから「拝」という返事をするには、素直な心が必要です。素直とは、一番難しい心であり大きな徳目です。松下電器（現パナソニック）の創始者、松下幸之助氏は、経営のコツは素直な心だと言っておられます。

ですが、家族などの慣れ親しんだ関係や、うまくいってない関係、また自分の気持ちが後ろ向きなとき、あるいはひどく疲れているときなどは、素直な心で返事をするのが難しくなります。また自信のないときも、返事が弱々しくなります。

職場で誰かに呼ばれたり、仕事を頼まれたとき、いかに気持ちよく返事ができるか、相手にどれだけ笑顔を向けられるかというのは、自分自身の精神状態や心の器の大きさを示すバロメーターとなります。前向きな気持ちで、モチベーション高く仕事をしている人（あるいは仕事をしているとき）は、明るく良い返事をしているものです。

良い返事の条件とは、歯切れ良く大きな声で、そして一番大切なことは「立つより返事」と言われるように、すぐにすることです。

また、ちょっと困難な仕事を任されたときでも、気持ちが前向きで勇気に満ちていれば「私に出来るからチャンスがやってきた。成長のチャンスだ」と受け取ることができて、「ハイ！」と気合いの入った返事ができるでしょう。

ところが、気持ちが後ろ向きだと「なぜ、私がやらなきゃいけないんだ」「面倒なことになった」「失敗したらどうしよう」等という思いが芽生えて、覇気のない歯切れの悪い返事になってしまうでしょう。

返事というのは、思わずその人の心の状態が現れてしまうものです。自分の意識レベルを上げるためにこれも心磨きの日常行だと考えて「ハイ」と明るい返事をしましょう。

コメディアンの萩本欽一さんは、経済的理由から一家離散となり、若くして劇団に入門しコメディアンへの道を目指しました。ところが一向に力がつかず、ある日演出家に「お前にはコメディアンの才能はない。無理だからやめろ」と言われてしまったのです。彼は確かに自分はセリフも覚えられないしその通りだと思い仕方なく「ハイ」と言ったのです。

落ち込んでいると座長が「どうした？」と声をかけてきて「やめろ」と言われたと話すと、座長は演出家のところへ飛んで行って5分後に戻ってきました。そして「お前は続けたいんだろ？ だったら続けろ」と言うのです。そのあと、やめろといった演出家が彼の元へ来てこう言いました。「座長が来て、『あんなに返事のいい子はいない。あの子を自分のところにずっと置いておきたい』と言ったんだ。一人でも応援してくれる人がいたら、コメディアンになれる。だから続けろ」。

返事の良い人とはいつも一緒に働いていたい、と思うのですね。また才能よりも大切なもの、それは人との縁なのですね。この座長との縁が一人のスーパーコメディアンを生み出したのです。萩本氏は言います。「人は一人ではコメディアンになれない。支える人、推す人がいてなれるんだ」と。

また、一人で暮らしていた萩本氏の父親が、地震で家を失ってしまった時、彼はコメディアンを辞めて父親を養おうと決意して実家に帰ります。3日後荷物を取りにきた彼を待っていた座長の言葉は「続けろ。これはみんなで出し合った5万円（現在の価値で40万円位）だ。5万円分続けろ！ 言っておくが掃除のおばちゃんが500円（現在の価値で4

000円位）出したんだぞ！」だったのです。さっそく彼の出番があったのですが、彼は感極まって屋上に上がって泣いていました。すると座長に「お前、出番で笑うかわりに、屋上で泣いてただろ」と笑われてしまいました。

萩本欽一氏の芸は、笑いの才能のある明石家さんまさんや松本人志さんの芸風とは一味違っていて、不器用かもしれないけれど人を癒しほっとさせる、そんな笑いだと私は感じます。そんな素直な人柄が、返事にあらわれていたのですね。返事一つで人を引きつけることが出来る、奥にそんな徳分を持った彼は人を癒す素晴らしいコメディアンです。

逆に返事がおざなりになっている家庭や職場では必ずトラブルや不満が多く、職場では仕事の士気が上がらないものです。返事が暗ければ、自分も周囲も風通しが悪くなり、結局は運氣を落としてしまいます。

あなたも運氣アップコースへのトレーニングコース、日常行として返事企画をたて、実践してみませんか。

謙虚さを身に着けるお辞儀の仕方

本当に器の大きい人、自信を持っている人は謙虚です。

世の中の社長にはさまざまなタイプがいますが、真の成功をして、社会に貢献されているような立派な経営者は謙虚です。そのような方たちは、友人、知人、従業員など、周囲にいる人たちのことを認め、敬い、感謝しています。だからこそ、すばらしい人たちが集まり、大きな事業を成功させているのです。

この謙虚な姿勢というのは運氣がアップする大切なポイントです。

謙虚とは、自分を低い位置に置くということです。世の中で大切なもの、価値あるものは、高いところから低いところへ流れていきます。水が上から下へ流れるように、愛情や大切な情報など幸せに必要なものは、不思議なことに全て高いところから低いところへ流れていくのです。傲慢な人のところには大切なものは流れません。

ギブする生き方もすばらしいのですが、そこに留まらない、より深く大切な真理に則った生き方、さらに波動の高い生き方が「支える」生き方です。

「支える」は自分が一番下に降り、下から人々を支えあげることとです。偉大な人々は、自分の身を汚して人のために奉仕します。下に降りること、つまり謙虚であることが基本なのです。

最高に徳の高い生き方は支える役割を果たす生き方で、そんな生き方をする人の周りにはさらに協力者が現れ、その人を支えあげます。そして支えあいの相乗効果はすばらしい力となり、全ての人々を幸せにし、奇跡さえ生み出します。そんな職場は光り輝いていて、働く人はみんな運氣の高い能力のある人に成長してゆき、喜びいっぱいに暮らし、社会に大きな貢献をするのです。しかし決して自分は表に出ようとしません。陰徳を積む人々だからです。素晴らしい徳のある大経営者も、今は目立っていても、スタートの時期にはいつも下に降りて、ひたすら人々を支えあげようとした人なのです。人々を支えると、結果自分が支えたその何倍、何百倍も支えあげられることになり、一大事業をなしとげる事もできるのです。

逆に今は波に乗ってうまくいっていても、謙虚さがないと必ず次には転落の道が待っています。これも絶対法則の示すことなのです。

お辞儀とは、謙虚な姿勢を示す行為です。

昔、目上の人から頂き物をした場合、相手の分身であるその品に自分の息がかかるのは失礼とされていました。そのため、いただいた品を頭の上まで持ち上げて、息がかからないようにするという風習がありました。ところが、家屋や田畑、お嫁さんなどをいただいたときには、頭の上まで持ち上げるというわけにはいきません。そこで、逆に自分の頭を下げるという行動をとるようになりました。いただいた物（あるいはいただいた相手）を自分より上の存在とするために、自分の身を低くするということです。

そして、謙虚さとは感謝することです。きちんとしたお辞儀は「あなたのことを尊敬し、感謝しています」という気持ちの表れなのです。

普段からお辞儀を練習して、必要な時には謙虚さを行動で表すことは、とても大切です。

①背筋をまっすぐ伸ばして、頭や首を動かさず、下がらないように気をつけて、胸を地面に近づけるつもりで腰から曲げる。指先はすっきり伸ばして5本の指をしっかりつけておく。

②頭を下げ切った状態で、心の中で「ありがとうございます」と唱えながら2秒止め、ゆっくりと体を起こす。

③顔をあげたとき、相手の目を見てにっこり笑顔をむける。

お辞儀がうまくできない人は、心が落ち着いていないことが多いようです。「ありがとうございます」という波動の高い言霊を心の中で唱えることで、謙虚な気持ちが自然と出てきます。

まずは気持ちを落ち着けて、相手を敬い、感謝する気持ちを思い出すことが肝心です。ぜひ、謙虚な気持ちで丁寧なお辞儀ができるよう、練習してください。あなたの人生に幸運が流れ込んでくることでしょう。

本気で笑顔に取り組むための必須アイテム「笑顔計画書」

笑顔に対して真剣に取り組んでいる人は、意外なほど少ないものです。でも、これまでの人生であまり笑顔を作るという習慣のない人が、「できるだけ笑顔をつくろう」と意識するだけでは、なかなか変われません。

米長邦雄氏という将棋の名人が「名人になるには運を開くこと。そのためには謙虚さと笑顔を身につけることだ」と著書に書いておられます。実力は十分あるのに将棋のプロへの編入試験にどうしても受からずプロデビューできない自分の弟子を、将棋好きで謙虚な萩本欣一氏のところに通わせて「将棋を教えさせる代わり彼を笑える男にしてやってほしい」と頼み、笑えるようになったらプロの試験に受かったというのです。

「できるだけ笑顔をつくろう」では、「出来ないときは仕方がない」ということになり、うまく実行できないものです。第一、意識して笑顔をつくるといっても、1日24時間笑顔のことばかりを考えているわけにはいきません。仕事などに夢中になると、今自分がどんな顔をしているかなど全くおかまいなしになってしまいます。結局、日常の雑事に紛れてしまい、いつの間にか笑顔をつくろうという気持ちなど、忘れてしまっていることも多いのではないでしょうか？　またそんな時には、逆にしかめっ面になっていたりもします。その顔つきに気づいていないのは自分だけ、周りの人は「あの人、辛そうね」「なんだかとっつきにくいな」などと思っているものです。

そうならないためにも、まず決意しましょう。「決めた」瞬間に人は本気になるのです。決意のないただの努力と本気とは本質が全く違います。人生はすべからく「決意しているかどうか、本気かどうか」が「成功するかどうか」の分かれ目になるのです。

さあ、笑顔、挨拶、返事という人生の基本に本気になってみましょう。

かといっていつでもどこでもどんな状態のときも笑顔をすると「決める」なんて、言うは易し行うは難しです。理想が高すぎてすぐに挫折しそうです。また24時間いつも笑顔になれているかどうか意識していられないので、どれだけ実行できたか、100点満点で何点取れたかもわかりません。このように風呂屋の釜のごとく「ゆ（湯）うだけ」の目標や計画を立てることは気休めでしかありません。中には、気休めの連続で「○○を心がけよう」と良いこと一杯並べて、何も変わらない人生というぬるま湯に浸っている人がいらっしゃいます。

笑顔セラピーでは、そんなぬるま湯ゾーンを脱出することから始めます。高すぎる目標を立てず、できる事を形からでいいから、できるだけ簡単なやり方で、「やる」としっかり決意するのです。

だから笑顔計画書（79頁）に、笑顔を向ける相手を4～5人位、または4～5タイミングを選んで記入し、笑顔をすると決めてください。例えば、ちょっと苦手な課長に、出社時に笑顔で目を見て「課長、おはようございます」とはっきりしっかりと挨拶しよう。場所は課長のデスクの2メートルくらい前まで近づこう、と決めます。また「朝一番、娘(妻、夫)に会ったときには『おはよう』と笑顔で声かけするぞ」と決めるのです。こういう計画なら「最近、笑顔までは出来てないけど、課長の顔を見てはっきり挨拶できるようになった。まあ70点だな。次は笑顔になって100点めざすぞ!」と段階を追って成長でき、何点くらいの出来かも分かります。そして100点になるまでやり通すのです。

一回の笑顔計画の実行には2秒から5秒しかかかりません。5秒としても一日5回で合計25秒です。一日5回25秒だけなら自分の表情に意識を向け、確実に笑顔を作ることができますね。それ以外のタイミングでは「できるだけ笑顔をしよう」でいいから、5つの計画だけはどんなことがあっても「笑顔をする」と決めるのです。そして、できるまでやり通してください。

5人の中で1人か2人、一つか二つの笑顔計画は苦手な相手や、家族などのつい馴れ合いになって笑顔をつくりにくい相手をいれましょう。難しい計画ばかりを5つ設定しても挫折しそうだし、やりやすい計画ばかりではあまり変われないので小さな成長しか期待できないということになるからです。

運命を変えるには「相手を変えるのではなく自分が変わる」

笑顔計画を実践するとき、相手が挨拶を返してくれるかどうかは無関係です。これはあなたが笑顔をする計画であり、相手の変化を期待したり、良い人間関係を作るための計画ではないのです。

「部下によい挨拶をしてもらうために」「笑顔で接客してもらうために」などが目的だとしたら、それは相手を変えようとしています。笑顔を送っても、相手はそんなあなたの思惑を感じ取り、余計にしらけてしまうかもしれません。あくまで変わるのは自分なのです。

笑顔セラピーの講座の中で、最初に約束してもらうことがあります。それは、「他人を変えようとしない」ということです。相手に「変わって欲しい」「君が変わるべきだ」という期待や批判をしないという約束です。「他人と過去は変えられない。変えられるのは今ここの自分だけ。そして自分が変われば相手が変わる」という真理に基づいて生きるのです。

もちろん上司や親は強権を発動して指示、命令し、やらなければ罰を与えたりして相手の行動を変えさせることはできます。しかし「真に人が変わる」というのは、心や生き方の価値感が変わることです。相手の行動を無理やり捻じ曲げても、心が変わっていなければ、いつかその無理は怒りや反発となって戻ってきて、余計に人間関係を悪化させトラブルが大きくなります。厳しい躾で押さえ込まれていた子どもが家庭内暴力をはじめたり、逆に自立できない子になってしまうことがあります。部下も同じです。

しかし、自分が変わると、縁という波動でつながっている同士は必ず変わります。波動が同調していないと縁がつながらないので、自分の波動が上がることによって相手の波動もアップし結果として相手も変わるのです。どうしても相手が変わらない場合は、職場の場合なら相手や自分が配置転換になったり、離職してしまったりして縁が切れます。自分が変われば縁でつながる相手は必ず変わるというのは、例外のない真理ですから、安心して自分が変わりましょう。

嫌いな相手の場合は、形からでいいので「ありがとうございます」を送る感謝法（2章参照）をしながら、挨拶、笑顔計画を実行すると、スムーズに行きますよ。

自信のない人の場合、「好かれたい」という思いが入った笑顔を相手に向けてしまいがちなのですが、相手に「好かれたい波動」が届くと結局媚を売ることとなって、媚はいじめになって返ってくることがあります。「好かれたい」波動はテイクというマイナス波動なので、相手のマイナスを引き出してしまうのです。

同じ意味で、上司として、部下をできるだけうまく働かせるために、部下に笑顔で挨拶し、やる気にさせ、結果として上司である自分の評価を上げようといった考えは競争社会での常道ですし、一見よいように見えるのですが、目先の利益を追いかけた結果マイナス

笑顔計画書

よい人間関係作りのために計画を立てましょう				
誰に	どこで	いつ、どんなとき、どんなタイミングで	どんな気持ちで（どんなイメージで）	なぜ、どんなよいことが起きるか

波動を出して、一番大切な自分自身の幸福感や運氣は逃げていってしまうのです。友人や家族の場合も同じで、自分の都合よいように計らうための笑顔計画はやめましょう。

計画に基づいてしっかり笑顔が作れるようになれば、笑顔への意識は強く確実になっていきます。そして徐々に笑顔作りが習慣になり、笑顔がしにくい場面でも心をヨイショと切り替えて笑顔になるコツが身につき、あなたの笑顔度はグーンとアップしているはずです。また、笑顔計画の一つが完全に習慣になり、クリアできたら、また新しい計画を一つ組み入れるのもいいですね。こうしてどんどん笑顔の輝く素敵な自分に成長できるのが、笑顔計画書です。

そしていつか、意識しなくても自然に心から笑顔になれる自分を創ってゆく、その第一歩が笑顔計画書なのです。必ず、驚くような変化を実感していただけると思います。

運命を変えるツールその2
言葉……言葉があなたの人生を決めている

「言葉」は表面では意味を持っているのですが、それだけでは無くもっと重要な役割があります。実は言葉はエネルギーそのものなのです。言葉は波動そのもので、日本では言霊といいます。

人は使った言葉の波動に同調することだけをしっかりと引き寄せていきます。それによって人生が形作られていくのです。だから「使う言葉は人生の設計図」なのです。どんな言葉を使うかによって、自分の人生が決まってゆくのです。それを運命として味わっているのが人の一生です。

口に出した言葉だけではありません。人間は心のなかでいろいろなことを思い考えているとき必ず言葉を使っています。その言葉こそが運命を決めていくのです。

自分が使っている言葉はもちろん、周囲の人が使っている言葉にも注意深く意識を向けてみると、とても興味深い事実が見えてきます。運の良い人は、プラス波動の言葉を発しているとに気づくはずです。逆に人生がなかなかうまくいかない人は、否定的な言葉、愚痴や不満、批判や悪口などが多いのです。

ひとつの例を挙げてみましょう。

突然、上司に呼び出されて、膨大な資料を渡された挙げ句に「企画書を明日までにまとめておいて欲しい」と言われたとします。そのとき、あなたは心のなかでどんな反応をし、その時どんな言葉を発するでしょうか。

「そんなの無理だ」「最悪！　なんて課長だ」「いやだなあ。また徹夜か」でしょうか？　それとも「チャンスだ」「信頼されている」「できるところから、順番にかたづけていこう」などと思うでしょうか。

どんな言葉を使うかによって発する波動は変わってきます。プラス波動の言葉を発していると、物事がどんどん好転するようになり、結果も伴ってきます。もしかすると、あなたは「言葉も大事かもしれないが、現実があるだろう。膨大な仕事を一日でやるなんて無理はどこまでも無理であって、言葉以前の問題だ」と考えたかもしれませんね。でも、その方は言葉のすごい威力を理解していない人です。

「よし、やってみよう」と思った人は、どんどん直観がわいて思わぬ良いアイデアのおかげで完成するかもしれませんん。強力な助っ人が現れて完成するかもしれないし、他にもありとあらゆる道が用意されているというのが宇宙の真理なのです。

反対に、「無理だ」「できない」「最悪だ」などとマイナスの波動を発すれば、自分の考えうる方法だけ、自分の過去において経験値のある道しか歩けない自分に限定されてしまい、しかもそれらの方法さえも時間的、条件的、能力面いずれかの無理が壁となって、その仕事の完成は無理になってしまうのです。しかし宇宙の法則に則れば、ありとあらゆる方法が無限に用意されていて、奇跡さえも起き、必ず言葉通り成功します。これは、全く例外のない真理なのです。

必要なら人間は、空中浮遊さえも自由自在にできるのです。「空中には浮けない」と3次元の科学的法則を信じている自分、つまり「浮けない」という言葉をつかんでいる自分がいるから浮遊できないだけなのです。実際、「ナスカの地上絵」という世界の七不思議がありますが、あの時代には空中浮遊ができた人がいたのですね。

ある幼稚園で園児が石を園庭に並べていました。先生が屋上に上がった時、何気なく園庭を見下ろすとその石が見事に大きな絵になっていたので大変驚いたそうです。子供たちは常識や科学に縛られていないので自由に空中に浮いて、大きな絵を描けたのです。私の仲間の笑顔セラピストの駒田さんも、一度空中に浮いた体験があり（肉体が浮いたのではなく幽体離脱の形で意識が肉体から離れて浮遊したのです）、それ以来疲れなくなり、直観がどんどんわくようになり、部下がとても優秀で協力的になって仕事がとても楽しくなったという経験をしています。

昔使ったマイナス言葉が今の現実をつくっている

このように過去に使った言葉通りの人生を歩いているのが私たち人間です。現実に振り回されていると感じていても、実際には言葉に振り回されています。

プラスの言葉をよく使う人は、昨日使った言葉、さっき使った言葉が、たちまち現実化するので、言葉通りになっていることがよくわかります。

しかし、マイナス波動の言葉はすぐにではなく時間を置いて現実化してくるので分かりにくいのです。マイナス思考の人は、5年も10年も昔に使った言葉が今の人生となっています。だから、言葉通りと言われても、大昔に使った言葉は覚えていないので、言葉通りだと実感できないのです。「病気になりたい」なんていった覚えはないのに病気になったという人も、無意識に病気に関する言葉をあちこちで聴いたり使ったりしています。たとえば家族が病気なら、ますます病気という言葉は日常語になっているでしょう。「言葉通り」は誰にもどんな場合にも厳然と働く真理なのですから。

言葉こそが人生（未来）をつくるのです。

私が「言葉の使い方で人生が変わる」ということを知ったのは、離婚直後で、私がまだ幼児教材のセールスの仕事をしている頃です。古本屋で偶然買った本で知ったのです。

その頃の私はマイナス思考で、マイナスの波動を大量に発しながら生真面目で頑固な努力家として生きていました。そんなマイナス思考の人間にかぎって「言葉で人生が変わる」と言っても、なかなか心に響かないものです。当然、私は本を読んだ後「そんなバカな。言葉を変えるだけで人生が変わるわけがない」と思いました。

しかし、離婚したばかりの運の悪い私は、なんとかして自分一人の力で子どもを育てていかなければならないのに、営業成績は全く上がらず四面楚歌の状況でした。ただ直感的に「何か変えなければ未来はない」と思っていました。また子供を育てて生きてゆくために本気になっていて「何だってやる」と決意をしていたので、古本にあった言葉の力をやってみることにしたのです。

それまでなら「雨が降っていやだな」と言うところを、「いいお湿りだ」と無理矢理にでもプラスの言葉に置き換えます。さらに「私は売れるセールスマン。私は必ず成功する。未来は明るい」という言葉を呪文のように唱え続けました。日常徹底して、プラス波動の言葉を発するようにしたのです。

すると不思議なことに、3か月目の半ばに初めてオーダーが取れ、それからどんどん売れるようになって、トップセールスマンになれたのです。そして言葉通り、明るい人生が開けてくるではありませんか。プラス波動の言葉で出会いが変わり、運氣がグーンとあがったのです。

マイナス波動の言葉が口癖になっている人は意外なほどたくさんいます。疲れた、忙しい、しんどい、いやだ、できない、辛い、難しい、つまらない、など、暇さえあればマイナス波動を発しています。

あなたはどうでしょうか。

仕事をしていれば疲れることもあるでしょうし、困難な問題に対処しなければならない場面も多々あります。しかし、そこでマイナス波動の言葉を使うと、気持ちは落ち込み、マイナス波動が共鳴して、さらに困難な状況に陥いるのが関の山です。

疲れた、忙しい、大変だと思うときこそ、使う言葉はプラスに転化しましょう。疲れたときは「よく働いたな」、忙しいときには「充実している」、大変なときには「必ずよくなる。どんどんよくなる」と言い換えてみればいいのです。形からでいいのです。

ある会社で「問題があります」という言葉を廃止して、「仕事があります」と言うようにルール化したという話を聴いたことがあります。トラブルが発生したときも、「部長、こんな問題が起こりました」と言うのではなく、「こんな仕事が生じています」というのだそうです。

簡単にできて、しかもとても効果的な取り組みですね。

言葉のパワーを味方につける「健康法」

マイナス波動の言葉として、よく使われるのが病気や体調に関するものです。「最近ちょっと調子が悪くて……」「寝不足続きで、頭が痛いんだよね」など、自分の体調の悪さを話したり、「私は糖尿病です」「偏頭痛持ちです」などと、病気のことを口にするケースもよくあります。

言うまでもなく、マイナス波動が病気をつくり、病気になるとマイナス波動が出ます。病気のことを口にすれば、さらにマイナス波動を引き寄せる結果となります。

マイナス波動の言葉を口癖としている人、病気や体調の悪さを話すことが習慣になっている人は、特に意識してプラス波動の言葉を使いましょう！　この切り替えを真剣に、何よりも優先してやりぬきましょう。ほとんどの人が、医学的に病気を克服することが健康への第一歩だと考えているのだと思いますが、真実は病名や病状のことを言うことで言葉通りになるのです。つまりマイナス波動の言葉を徹底して追い出すことが、何よりも優先すべきことです。このパラダイムシフト、つまり価値感の転換に成功するか、失敗するかが、21世紀のあなたの人生を占うことになるのです。

あるとき、5歳の息子さんが喘息だというお母さんが、笑顔セラピーの一日体験講座に参加されました。一緒に昼食をいただきながら相談を受けたので、私は「息子が喘息だ」

と言うのを止めるようにアドバイスしました。忠実に実行してくださったその方は、その次のセミナーのとき「あれから1週間に3、4度あった発作が1回くらいに減りました」と報告くださいました。そして、その後彼女はおばあちゃんにも「『孫が喘息』と言わないで」とお願いして、家族中で「喘息」と言う言葉を排除し、加えて後ほどご紹介する「ありがとう」を連呼する「感謝法」を行った結果、見事に息子さんの喘息は完治してしまったのです。彼女は、「今、言葉を駆使すると言葉通り願いは直ぐに全て叶います。今必要なものは全て与えられていてとても幸せ。欲しいものは何もありません」と言葉の力を実感しておられます。

「辛いから愚痴っているのではなく、愚痴るからつらくなるのだ」というのが真実なのです。だから、今辛い状況にある人は、なんとしてでもマイナスの言葉は使わないようにしてください。

今楽しく暮らしている人は、少しマイナス言葉を使ったとしても、心の中では無意識に反転してプラスに置き換えているのです。例えば「ああ、疲れた」と言った後「なーに、1日寝たら元気になるさ」と思っていたり「今日これだけやり終えた」などという充実感を込めています。しかし、今落ち込んでいる人は、常にマイナス言葉を使い続けてすでに心の中にマイナス言葉を貯めている上に、さらにマイナスの言葉を発します。すると、その瞬間心に貯まっているマイナス言葉に同調して、マイナス波動が増幅してしまいます。

波動の世界は繰り返すことで相乗効果をおこし、転がる雪だるまのごとくプラスやマイナスが膨み、富める人はますます富み、貧しい人はますます貧しくなるのです。

宇宙の外で生きることのできる人は一人もいないように、言葉通りになるという法則の外で暮らせる人は、一人もいないということです。

文豪トルストイも躓《つまづ》いた言葉の使い方の落とし穴

いつも仕事で失敗ばかりする部下に、あるいは試験で同じところばかり間違える子どもに、あなたならどんなふうに注意を促すでしょうか。

「この次は失敗しないように気を付けて！」等と言いませんか？ 起こってしまった失敗を責め立てることなく、次に目を向けているあたりはなかなか良い上司や親かもしれません。

ところが、この言葉遣いには、大きな落とし穴があります。

ロシアの文豪にまつわるエピソード「トルストイの石」は笑顔セラピー定番の話です。

トルストイが自転車に乗っているとき、行く手前方に大きな石があったので「あの石にぶつかったら自転車ごと転んでしまうな。気を付けよう」と思いました。そうするとどうなったか？　結局トルストイは石にぶつかって転んでしまったのです。

これこそ、言葉のもつエネルギーです。つまり「石にぶつかって転ぶ」も「石にぶつからずに転ばない」も同じ「石＝人生の障害物」「転ぶ＝失敗する」というマイナスエネルギーでマイナス波動の言葉なのです。心には文法は通用しない、言葉そのもののエネルギーが作用するのです。

上司の「次は失敗しないように」と言うのは部下に失敗を想起させ、失敗の方向へと未来を引っ張っていきます。「失敗しないように」と言いながら成功しているところをイメージできるでしょうか？　いいえ、すでにしてしまった失敗の方に意識を向いているでしょう。

似たような経験は、誰にでもあるはずです。

「これだけは絶対にやらないぞ」「今日は、失敗は許されない」と思っているときほど、ミスを犯してしまうということがありませんか。いつも以上に努力し入念に準備しているのに失敗してしまうのです。

これは「心にはゴムの手がある」と考えるとよく解ります。その手を伸ばしてトルストイは行く手前方にある石をつかんでしまったのです。すると伸びきったゴムにひっぱられながら「転ばないように」と抵抗しているのですが、結局は、ゴムに引っぱられ、つかんでいる石の方に引かれて転んでしまったのです。たとえ、ゴムの引力に勝って転ばずに済んだとしても、ひどく疲れる戦いです。心配性の人はいつも、ゴムの手でつかんだマイナスと戦う日々で、力尽きてゴムの引力に負けるとまた転んでしまいます。すると「僕はよくここで転ぶタイプなんだ」「私は○○は苦手だ」などという言葉を使い、決定的にマイナスをつかみマイナスの言霊を心に溜め込むのです。

成功するタイプの人は「今日は必ず成功させる」「きっと成功する」と言う言葉を使っていて、ずっと前方にある成功という目標を、ゴムの手でしっかりつかんでいるのです。だから、ゴム（言葉の波動）に引っぱられてあっという間に成功地点に到達してしまうのです。奇跡的な大成功を収める人は、ゴムの力を大活用している人です。つまり言葉のパワーを使っているのです。トルストイも自転車で目指す目標地をつかめば、短時間で楽々到着できたのに！

だから、いつもプラスを見て、プラスをつかむ習慣、目標を見て（イメージして）成功を言語化する口癖が何より大事です。

他人にも自分自身にも、注意を促すときはプラス波動の言葉を使うようにしましょう。「次はうまくやろうね」「次は成功するよ」という言葉をかけてあげるのです。すると自分も相手もだんだん成功できるようになり、運命は必ず良い方向へと導かれます。

プラスの言葉を繰り返しつつ、「成功する」と言う確信を持つ、または「成功するまでやるぞ」と決意をすると、人生は一気に成功へと突っ走ります。プラスの言葉の繰り返しによって成功への確信が生まれてくるのです。

「俺は負けない」などとマイナスの言葉で自分を鼓舞する人がいますが、計算通り勝負に勝ったり儲けたり出世はできたとしても、「負けない」＝「負ける」と言う言葉通りになり、家族に不本意なことが起きたり健康を害してしまったり最後には失脚してしまう等、結果は必ず人生に「負け」を生じるのです。

もちろん「俺は負けない」の後に、心の中で「必ず成功する」等と言葉を置き換えていれば大丈夫です。

「戦争反対」とか、「地球環境を破壊するな」というのも、「戦争」や「破壊」などのマイナス言葉ですね。その上、ニュースなどで「戦争」や「環境の崩壊」を見ているのですから、マイナス効果はさらに強いのです。どうせ使うなら、「世界に平和がやってくる」「緑がいっぱいの地球にしよう」というプラス波動を世間に振りまいてほしいものです。

また交通標語などにも、マイナス表現が多々あります。運転中脳波はアルファー波になっているので言葉が心に響きやすい、そんな時「スピード出しすぎ、事故のもと」等という看板を見ると、思わずアクセルを踏んでしまい事故に導かれる可能性を強めてしまいかねません。

真理を知らないで暮らすことは、このように自分にも周りの人々にもマイナスをまき散らすことになるのです。だから私はこの真理、言葉の法則を、ひとりでも多くの方にお伝えするという天命に人生をささげてゆきたいと思っています。

言葉のパワーを倍増して味方につける

ちょっと実験をしてみたいと思います。私の指示に必ず従ってくださいね。

＊実験その1「はい、では今から3秒間、真っ黒に腐ったみかんを想像しないでください」

いかがですか？ 指示に従っていただけたでしょうか？ きっと、まっ黒に腐ったみかんを想像したのではありませんか？

＊実験その2「3秒間は、黄色いおいしそうなみかんを想像してはいけません」

きっとおいしそうな黄色いみかんを想像したはずです。

＊実験その３「それでは、黄色くあまーいオレンジの皮を、さあ、むいてみましょう」

ほら、ほのかなみかんの香りがただよい、お口の中にはジューシーなオレンジ果汁の味が広がってきませんか？

このように、使った言葉の方向に意識は向き、使う言葉に心はついてゆきます。言葉を変えるだけで心を変えることができるのです。これは神様から人間だけに与えられた素晴らしい贈り物です。言葉の法則を理解して、自分の使う言葉を管理することさえできれば、誰でも成功者になれて幸せいっぱいの人生を送ることができるのです。

言葉で全てが変わるのですが、病気の人が「私は無限健康」と言ったとたんに、手品のようにたちどころに痛みが消えたら、誰だって言葉の力を信じ、言葉に頼って生きていくでしょう。１回使っただけの言葉の力というのは、当然微々たるものです。しかし、使った言葉は2乗倍で蓄積して現実を変えてゆくのです。１回「私は健康」と言ったら1倍ですが、２回使ったら、２の2乗倍で4倍、10回いったら１００倍、口癖にして、１万回以上行ったら1億倍の効果が出るわけです。数回しか言っていない最初の内は、なかなか現象化しないため言葉の効果を実感できないだけです。毎日繰り返していたら、鼠算計算であっという間に現実を変えてしまうのです。

ところがこれはまだ甘い計算です。心のこもらない言葉のときには、２乗倍ですが、心をこめると何と3乗倍ものパワーが働きます。たった2回で8倍、10回では1000倍もの力を持つのです。もうみるみる現実が変わってきます。しかし、数回の間はやはり、手品のようにはたちどころに「病気が消えて……」とはならないので、言葉の力を甘く見てしまうのです。その結果、言葉を管理できず、無意識に使うマイナスの言葉の蓄積でいつの間にか言葉通りに人生が流れてゆきます。しかし、瞬間に目前で変わったのではないので、「言葉の力で変わったんだ」という実感が起きません。

慣れ親しんだ科学など3次元の法則で「暴飲暴食したから胃をこわした」「ウィルスで病気になった」といったことの方が体験があり、医学の権威の裏づけがあってもっともらしく、実感がわくのです。

しかし、同じウィルスを吸った人が全員病気になるわけではありません。「流感はうつる」という言葉を受け入れた人、また「試験の時に、コンディションが悪いと……」とか「あの仕事、間に合わないと大変だ」「肝心な時、僕はいつも失敗する」「あの人が失敗した、この人もうまくいってない」などの言葉を普段から使っている人が、ウィルスを吸って発病し、試験のコンディションを落としたり、風邪で寝こんで仕事の納期に間に合わなかったり、肝心な時に風邪をひいてしまったりします。

心には文法や科学など理屈理論は全く意味がありません。「あの人の失敗」は「自分の失敗」となり、また風邪が原因の失敗を引き寄せるのです。全て単に言葉通りになっているだけなのです。

ウィルスを吸っても、元気でいられる人は「いつも元気」「私って風邪をひかないのよね」「私はツイテルの」など、プラスの言葉を使っていると、たとえ医学的には問題があったとしても、決して発症しません。

いろんな言葉を無意識に年中使っているのが私たちですから、具体的にひとりひとりの言葉と現実との因果関係をさぐるのは、実際はなかなか難しいものです。だから、「現状が言葉通りなんだ」と言われてもピンとこない人が多いのです。しかし法則は単純明快です。自分が使った言葉通りの現実が、時を経てやってきているのです。だから今体験しているることは、過去に使った言葉の集積なのです。

そして、その関係を無視して３次元世界にのみ原因を求めても、マイナス言葉という根っこを絶っていないと、どんな健康法を頑張って実践しても病気はなくならないという悲惨な結果が起きてくるのです。ただ、「この治療法は効くのだ」という言葉を受け入れているから効くということは起きます。やはり言葉通りなのです。

玄米菜食の人にかえって病気が多いという事実も、過去に病気で苦労した人がその体験に懲りて、食生活は改善したけれど、言葉は相変わらず病気という言葉を使い、過去の病苦の体験が潜在意識の奥に存在し、心の手で掴み、病気に意識を向け、必死に抵抗をこころみているトルストイの石現象なのです。

形からの言葉でも二乗倍、心からの言葉は三乗倍で現実を作るという法則を、心理学ではエミリークーエの法則といいます。言葉の力さえしっかり活用してゆけば、人生は自然と良い方向に進んでいくのです。

これは笑顔セラピーの受講生のIさんのお話ですが、試験まで半年しかないのに「私は有能な会計士」と繰り返し唱えていると、会計士の資格取得にむけて、とても効率良く勉強がはかどり、それでももちろん勉強不足だったけれど、前日にたまたま見ていた箇所から問題が出るというラッキーが起こって合格してしまい、その後も人からの手助けや良い先輩の指導をうけられたり、チャンスが来たりして、どんどん力をつけて成功できてしまったのです。全て言葉通りです。

「ああ、疲れた」が口癖の人は、3乗倍のパワーで、疲れやすい体作りにいそしんでいることになります。「元気だけど、疲れたって言ってみよう」などという人はいません。マイナス用語こそ、いつも心から発している言葉です。気を付けなければ雪だるまのようにマイナスがマイナスをよんで降り注ぐのです。

人生を良いことの繰り返しにする「繰り返しの法則」

東京出張のため新幹線に乗った時のことです。指定席は確か4号車、しかし、ホームに着いたときにはすでに発車時間間際だったので、とりあえず目の前の11号車に飛び乗り、ガラガラとキャリーバッグを引っ張って、時々キャリーが人の足にひっかかりそうになりつつ4つも車両を通り、やっと4号車まで来たところで「何番席だっけ」と切符を見ると、なんと16号車の4番席の間違いだったと気付きました。「エーッ！ 最悪！」とかなりショックでした。このあと私は心の中で確かにこう言ったのです。「さんざん歩いてやっとここまできたのに！ また歩かなあかん‼」

仕方なく4号車から16号車まで延々と12車両を歩きやっと16号車まで来ると、なんとそこは喫煙車、「しまった！ 禁煙車両と間違えて予約してしまったんだ！」と気づき、煙モクモクのなかで2時間半は耐えられない！ と思いました。私はとりあえず16号車の4番席に荷物を置いて、手ぶらで自由席1、2、3号車の空きがないかを見に行くことに……。「無理だろうな。連休で混んでるから」と思いつつ、2号車付近まで来たとき、京都に到着。なんとラッキーなことに京都で降りる人がいて一つ席が空いたのです。私はその席をコートを置いて確保、そしてまた14車両を歩いて、16号車の荷物を取りに行き、確保した2号車の席まで戻りやっと座ったのです。

やっと一息ついて、ふっと見ると「ない！」首に巻いていたスカーフがないのです。何度も車内を言ったりきたりしている間に落としてしまったようです。仕方なく、きょろきょろとスカーフを探して、ついに16号車まで行ったのですがスカーフはありません。がっかりしながら、また2号車に向けて歩いていると、さっき通った時にはなかったのに、5号車のある席の背もたれにスカーフが引っ掛けてあったのです。「あったー、よかった」と一安心。2号車の席に戻った時には、もう名古屋の手前でした。私は新大阪から約1時間の間、なんと車内を3往復もしたのです。「なんでこんなことになるの？ 夕べ徹夜だったから、車内でゆっくり寝る予定だったのに」

さあ、なぜ私はこんなことになったのでしょう。現実世界の次元の原因は、号車の番号と席番を見間違えたり、間違って喫煙車の席を予約したり、スカーフを落としたり、です。しかし高次元の原因、真の原因は、もうお分かりですよね。最初に私がショック状態でつぶやいた言葉は、なんだったでしょう？

「さんざん歩いてやっとここまできたのに、また歩かなあかん」でした。「歩いてきた」「また歩かなあかん」です。だから歩き続けたのです。普通、心の中に言葉を入れるのには、繰り返し繰り返しその言葉を唱える必要があります。ところがショックを受けたり、「ヤッター」と飛び上がって喜んだりと大きな感情がわいた時と言うのは、一発で心にズブッと言葉が突き刺さって入った、という合図なのです。そして、その言葉通りのことを繰り返すのです。間違って喫煙車を予約したのは前日です。「また歩かなあかん」とつぶやいたのは乗車のあと、「おかしいなあ、時間がひっくり返ってるぞ。つぶやいたから歩く羽目になったはず、その原因は喫煙車の予約……？」と思います。そう実は、心や意識、つまり見えない波動の世界には時間がないのです。昨日も明日も今この一瞬の中に折りたたまれて存在しているのです。

お金がない人はどんな努力をしてもいつも金欠病にかかっていますし、健康を害している人は、いつも健康問題で悩んでいます。マイナスの現実を見てマイナスの言葉を使うので、マイナスの現実を引き寄せ繰り返すのです。マイナスの現実を見てマイナスの言葉を使うのです。だから、マイナスの現実を見てはいけないのです。といっても、やはり見てしまうから、マイナスを見たときには、「ありがとうございます」を唱えましょう。「ありがとうございます」という言霊にはマイナスを消す魔法の力があるのです。

努力をしているのに不幸から抜けられない人々は、このマイナスの繰り返しが人生になっているのです。同じ繰り返すならプラスの繰り返しをしたら、幸せ、ラッキーがなだれのごとく起きてくるのです。良いことがおきたら、心から「ありがとうございます」を唱えましょう。すると繰り返し申込書を神様に提出したことのなるのです。（この「ありがとうございます」の言霊の不思議な力については2章で詳しくお伝えします）

運命を変えるツールその3
呼吸……呼吸法で健康度も脳の働きもアップ

人間はもちろん、動物でも、植物でも命あるものはみんな呼吸をしています。しかし、人間とそれ以外の動植物では、根本的に異なる部分があります。それは自ら呼吸をコントロールできるという点です。

人間は呼吸によって、生命維持だけでなく、気持ちを落ち着かせたり緊張を和らげたりできます。ゆっくりと深い呼吸をするか、短いテンポで浅く速い呼吸するかによって、気持ちにも脳の働きにも影響を与えますし、波動も違ってきます。そして究極は運命まで変えてしまう力があるのです。

脳に良い影響を与え、プラスの波動を発する呼吸とは、吐く息が長い呼吸です。

大きな仕事をやり遂げて、ほっと一息つくとき、どんな呼吸をしているでしょうか。「ふぅ～」と長く大きく息を吐いているはずです。温泉に入ってのんびりしているときも同様ですね。そもそも、笑っているときは「ハッ、ハッ、ハッ」と息を吐き続けています。「ヤッター！」と言う時も息を大きく吐きながら発音していますね。他にも「おいしいわ～！」と味わいながらため息混じりにいう時も、いきはフーッと吐いているはずです。

人間は、このように良い気分のときや健康状態が良好なときには、必ず息を大きく吐いています。そして、そのとき脳からはアルファー波が出ています。

アルファー波を出すと、集中力がアップして、効率があがり、感性が豊かになり、直感が働きます。体がリラックスすると同時に脳内モルヒネ系のホルモンが出るのでますます良い気持ちになり、自律神経を整え、内臓が効率よくうまく働き、免疫力もアップします。その人の波動は非常に高くなります。

反対に、泣いているときイライラしているとき、怒っているときの呼吸は、吐く息より吸う息が強く、呼吸は浅く、回数が著しく増えます。

このときはベータ波になり、波動は低くなり、自律神経、免疫力、脳波など全て正反対にうまく働きません。体調は悪く疲れやすく、しかも能力や直観力、感性個性も十分発揮できない状態なのです。

よく「深呼吸でもして、落ち着いて」と言いますね。あのアドバイスは適確で、口からゆっくりと息を吐くようにすると、気持ちが落ち着いて、良い波動に転換することができるのです。

これまでご紹介してきた笑顔、言葉、呼吸という命を運ぶ道具は、どんな場面でもだれでも無料で実践することができ、宇宙法則なので効果は絶対です。

すなわち自分の運命は、自らの手で必ず良くすることができます。運氣を上げるのに特殊能力はいりません。やる気にさえなれば、簡単にできて、とてもシンプルかつ具体的な方法で運命を切り開いていくことができるのです。

しかし、簡単なことほどなぜか難しいと言う側面もありますね。この壁を乗り越えるのは、一にも二にも、これらの実践を目標にしてやる気になる、「やると決める」ことです。決めた人にとってはいとも簡単なことであることも真実です。「いざ実践は難しい」「今や習慣になり、いとも簡単」あなたはどちらでしょうか?

さあ！ 笑顔、言葉、呼吸、この三つの道具を使って今すぐ運命を切り開いてください、と言いたいところなのですが、もう少しだけ待ってください。これらを使いながら、さらに運氣をアップさせる方法が次章でお話しする感謝行です。

笑顔、言葉、呼吸という3要素に加えて、感謝行を同時に行えば、さらにすばらしい人生を送ることができるのです。

第2章

最大最強の成功法則「感謝行」

人生を変える言葉「ありがとうございます」

プラス波動の言葉を使うと運氣がアップする。そのために笑顔セラピーでは自分なりのプラス波動の言葉、暗示用語を作って繰り返し唱えるようにとお伝えし、宿題で自分の暗示用語を作っていただくのですが、中には作ってきてくださらないかたもいらっしゃいます。

そこで誰でも使える共通の暗示用語を私が作って、みんなに唱えていただこうと考えて始めたのが感謝法です。「ありがとうございます」を暗示用語として唱えればありがたいことが起きてくるはずだと考えたのです。

やってみて本当に驚きました。「ありがとうございます」という言霊パワーを笑顔セラピーに取り入れ始めると驚くべき成果があがり始めたのです。職場の人間関係がうまくいった、夢や希望がかなった、病気が改善された、対人恐怖症が治ったなど、受講生からはうれしい報告が次々と寄せられました。

後になって知ったのですが、「ありがとうございます」はすばらしい波動を持った最高の真言（最高波動の特別な言霊で真理を現す言葉）だったのです。

ある実験をご紹介しましょう。睡眠についての実験です。

ある人に脳波を測定できる装置をつけて、一カ月の間、条件の違う睡眠について調査します。

①第1週目は、いつも通りの睡眠をします。
②第2週目は、悪いことを考えながら睡眠します。
③第3週目は、よかったことを思い出しながら睡眠をします。
④第4週目は、何も考えずにただ「よかった、ありがとうございます」と繰り返し唱えながら睡眠します。

そして、各週の睡眠の質を調べます。

すると、もっとも質のよい睡眠ができたのは第4週でした。なんと、よいことを思いながら眠るよりも「ありがとう」と唱えながら眠るほうが睡眠の質を向上させたのです。

他にも面白い実験があります。「ありがとうございます」と数回声をかけたビールやワインの味と「バカヤロー」と声をかけたビールやワインの味は、微妙ですが明らかに違うのです。

「ありがとうございます」とただ唱えるだけでよいことが起きるなんて、なんだか信じられないなと思うその感性は正しく常識的です。しかし、ありがとうの奇跡は厳然たる真実なのです。

私は根拠もなくただ信じて欲しいと言うのは、もともとあまり好きではありません。しかし「ありがとう」のパワーは、波動測定器による波動値など様々な実験による裏づけもあるのですが、これらの実験結果だけでなく、私は実際に感謝法を実践された受講生さんたちの運氣が上がっていくのを目の前で見てきたのです。これが何より確かな裏づけです。（そのごく一部を「ありがとうの体験談」「人生を変えた9人の物語」という小冊子でご紹介しています。巻末記載の笑顔セラピーねっとまでお問い合わせください）

「ありがとう」には、本当にすばらしい力が秘められています。これは実践した方のみが実感できることです。信じるかどうかは個人の自由ですが、ここで信じないでいると、またとないせっかくのすばらしいチャンスを逃してしまいます。

科学で解明できていることは、宇宙で起きていることのごくごく一部、1％にも満たない、あるいは4％以内だなどと言われています。たとえば、赤ちゃんはなぜ満ち潮のときに生まれるのか、なぜ10ヶ月お腹の中にいるのか、また麻酔薬はなぜ効くのかさえ現代科学では、解明できていないのです。水はどこから来たのかもわかりません。われわれの周りにはなぜ？が一杯です。

その一つに「ありがとう」と唱えるとどんどん運命が良くなるというのがあってもいいと感じられた方は、信じて「ありがとう」と唱えてみてはいかがでしょうか。少なくとも「ありがとう」を言い過ぎたために起こる弊害は一切ありません。「無料でできて副作用なし」世界で一番簡単に幸せになる方法が、目の前にあって、もう始めている人がたくさんいらっしゃるのです。

ありがとうは神様に出会う言葉

ちょっと壮大な話になりますが、大自然の摂理を不思議だと思ったことはありませんか。食物連鎖を考えるだけでも、不思議なほど見事に調和しています。シカやシマウマなどの草食動物が草木を食べ、肉食動物は草食動物を食べますが、その肉体が滅びると他の動物の食料となるばかりか、大地の肥料にもなって植物の成長を助けます。

また、草食動物に食べられた草木や果物の種は、消化されずに糞と一緒に地上に落ちてきます。糞が肥料となって芽が出て、植物は成長していきます。たとえば象の群れが森の緑を食べ、密集していた森に適度な空間をつくり、その後大移動します。そして移動先の場所で糞の中に種をそのまま排出し、そこに新たな森ができるのです。木々は象によって新たな森に命を移動させてもらえたというわけです。実に見事な連なりです。

この巧妙に出来上がった大自然の摂理は、人智をはるかに越えた、とてつもなく偉大な力、意思によって作り出されたものです。偉大なる意志は全ての命を調和させ生かしていくのです。全ての命を生かし続けるエネルギーを愛といいます。

私たち人間同志が互いに求めあう時に感じるのは愛ではなく「愛情」で、感情感覚の一種です。本物の愛であれば、相手に微塵も求める心のない、本当に相手に必要なことを的確に与えつくします。偉大なる意思、愛なるエネルギーとその法則である真理のことを神と呼んでいるのです。

ただの偶然によって、このような自然の摂理が生み出される確立は科学的確立論で計算しても可能性はゼロだといいます。神によって創造されたのが、この大自然の調和の摂理であり真実なのです。私もあなたも神なる摂理、愛というエネルギーで出来ていて、生かされているのです。だから私もあなたもみんな本来神なのです。

神様というと、宗教だと思う人もいるかもしれませんが、私が言っているのは宗派宗教の教祖様のことではありません。サムシンググレイトや大いなる意志、また宇宙の愛など、人によっていろいろな呼び方をしていらっしゃいますが、私は偉大な存在、愛のエネルギーを「神様」と呼びたいと思います。「**か・み**」という音には素晴らしい波動が宿っているので、神と言った方が波動が上がるのです。神と呼び捨てでは、どうも落ち着かないので神様と表現します。

さて、神様の話が出たところで、「ありがとう」の意味についても考えてみましょう。

「ありがとう」は、漢字にすると「有り難う」です。「有ることが、難しい」と表記します。つまり、滅多に起こらない、奇蹟のような出来事という意味です。大自然の摂理のように、神様でしか成し得ないようなすばらしい事が起こるというのが、「ありがとう」に込められた真意なのです。

このように、宇宙エネルギーの宿った言葉、大自然の摂理、大自然の絶対法則である真理そのものを表す、特別な力を持った言葉のことを真理の言葉、すなわち真言といいます。アーメンや南無阿弥陀仏、南無妙法蓮華経などは、よく知られた真言です。実は「ありがとうございます」は表面は感謝の言葉ですが、その奥に真言としての深い意味とエネルギーが隠れていたのです。真言には、一般の言葉にはない不思議な力が宿っているのです。またあ・り・が・と・うという一音一音に言霊のエネルギーがあります。ちょっと難しいのですが説明をしておきます

あ＝光源。命の根源のエネルギー。全ての始まり
り＝螺旋状に一大循環する
が＝「あ」の光が輝きに輝く
とう＝「と」は縦「う」は横の組み合わせ（男と女、時間と空間、光と影、表と裏、陰と陰など）で十字を現す
ご＝物質化、現象化する。「こ」をだぶらせて「凝り固まって凝り固まって」
ざ＝サラサラ淀みなく流れる、変化する
い＝命、生きていること、命が躍動して輝いている
ま＝完たき、完全完璧である
す＝絶対の中心＝神にもどる。ます＝増える

そう考えると、「ありがとう」に大きなパワーが秘められているのもうなずけます。「ありがとう」を唱えることで、私たちは人間の力をはるかに超えたレベルで、すばらしい波動の影響を受けることができるのです。

ただし、私はスピリチュアルな理論理屈をもとに感謝法をお伝えしているのではなく、あくまでもたくさんの受講生の方々の実践によって、「ありがとうございます」の力を確かに確認した立場をもって感謝法をお伝えしています。自分自身の体験と、受講生さんが運命を切り開いていく様子を見て、ただならぬ「ありがとう」の力を心から信じ畏敬の念を持って唱えさせていただいているのです。

ぜひ、あなたにもこの奇跡を体験して欲しいと願います。

感謝法で心に貯まったマイナスエネルギーが消える

プラスの言葉はプラスのパワーを持っていて、プラス言葉を使うとプラスのエネルギーを心に貯めることができます。しかし過去に使った言葉がプラスにせよマイナスにせよ、相乗効果で莫大なエネルギーとなって心に貯まっているのが私たち人間です。貯まったエネルギーが価値観や性格となり、ついには運命となって人生を創っていくのです。心を込めて言った言葉も何気なく口から出た言葉も、ふと聴こえてきた言葉もすべて心に貯まり、いずれは運命の中の出来事となるのです。

実は、貯まったエネルギーは出来事として現れた時に消えていきます。しかし、出来事を体験するとその出来事をまた言葉にして表現しますね。たとえば心の貯金が病気となって現れたら「病気になった。辛い」などと思う、思う時に言葉にします。せっかく消えるために病気になったのに、また取り入れてしまうのです。結果的に自然に消えることは一切ありません。潜在意識ですから自覚はなくても、全ての言葉が貯まって自分という人間を形成しているのです。

ただ、たった一つの方法で心に貯まった言霊を消すことができます。真言という特別な言霊を繰り返したときに消えるのです。だから、病気になったら喜んで「これでマイナスが消えて、運氣が上がる。ありがとうございます」と思えばすっかり消えてゆくのです。

真言を繰り返すことを祈りといいます。全ての宗教が祈りの実践を重視するのは、この浄化のためなのです。祈りを実践すると、心に貯まった言霊のエネルギーが消えて心が軽くなり、すっかり消えると悟った状態となります。すると今使った言葉が瞬時に現実となって表れるということになり、奇跡の力が備わります。つまり心に何も貯まっていない、真っ白な状態のところへ一つの言霊をポンと投げ入れるとその言葉通りの状況があらわれるのです。

しかし一般の人間の心にはたくさんのエネルギーがすでに貯まっていますから、今使った言葉と貯まった言葉のパワーが集積となって人生を創っていくのです。

さらに、貯まったプラスの言葉も使ったその瞬間はプラスエネルギーなのですが、古くなるとどんどんマイナスに変わっていくという法則があります。常に今ここが大切なのです。だから心に貯まったものは、基本全てマイナスパワーとなって人生になるのですから、真言を唱えて全て消していくことが、運氣のよい人生を創るために必要なのです。

世界一簡単な成功法「感謝法」のやり方

感謝法は、世界一簡単に幸せになれる成功法です。

本当にそんな効果があるなら、誰だって知りたいでしょう。信じるか信じないかはみなさんの自由ですが、世界一簡単というのは、何も姑息なセールス的発想のキャッチコピーではありません。事実、感謝法は時間も、労力も、お金もかかりません。そうでなければ世界一簡単とは言えないでしょう。やり方もとにかく簡単、本物は全てシンプルなのです。

心がこもらなくてもいいから、まずは「ありがとうございます」を、できるだけ回数多く唱えます。

声に出さないほうが、言霊が心の奥深くに浸透してゆくので、心のなかで何度も繰り返して唱えます。まずスタートでは、1日に1000回位唱えることを目標にしてみるといいでしょう。1000回唱えても約15分程度の時間です。朝起きたとき、仕事を始める前、トイレに立つとき等のちょっとした休憩時間にでも「ありがとうございます」を唱えるのです。もちろん、通勤途中の電車のなか、歩きながらなどどんなシチュエーションでも構いません。ちょっと熱心に暇を見つけて唱えれば、2000回や3000回位はあっという間に達成できます。

そして、寝る前には最低5分~10分くらい、しっかりと「ありがとうございます」を唱えましょう。そのときには座って目を閉じ、集中し真剣に唱えます。私は朝1時間、寝る前10分を目標に集中して唱えます。

「ありがとう」のパワーのところでも触れましたが、寝る前に唱えることで睡眠の質をあげるという効果も期待できます。寝る前は、潜在意識に言葉が届きやすい状態でもあります。そのときに「ありがとうございます」を集中して唱えれば、心のなかにしっかりと言葉の力が浸透していき、寝ている間も「ありがとうございます」がずっとこだましている時間になります。

感謝法を始めれば、必ず運氣は上昇します。

仕事がうまくいくようになった、職場の人間関係がよくなった、トラブルが解消された、体調がよくなったなど、たくさんの幸運がめぐりはじめます。

唱え始めの頃には、プチラッキーにも気づくようになるでしょう。たとえば、青信号が続いてスムーズに運転できたり、待ち時間なしで電車が来る、くじ運が良くなったり、欲しかったものが偶然手に入ったり、肩こりがとても楽になったなど楽しいことがたくさん起こる人がいます。

もちろんいきなり大きな変化を体験される方もたくさんいらっしゃいました。リウマチや癌など、不治といわれる難病が直った人、花粉症、喘息、アトピーが改善した人、うつ病が改善した人、仕事のチャンスに恵まれた人、夫婦の仲が最悪だったのにうまくいくようになった人、子どもの引きこもりが改善された人、職場の人間関係がとてもよくなった人、難しい入社試験にパスした人などなど、あげているときりがないほどです。

感謝法で効果があらわれない原因……その1

しかし、感謝法を続けているのに、なかなか効果が現れないと感じる人も出てくるでしょう。

それには2つの状況が考えられます。

第一は、自分の望む方面での効果が現れていないという状況です。

例えば、営業成績が伸びなくて悩んでいる人にとっては、夫婦の関係が和やかになったとしても、運氣が上がったとは感じられないようです。確実に効果はあるのですが、本人が自覚できていないのです。

なぜ感謝法は営業成績に反映しないのでしょうか。人は固定観念をもって悩みのことを始終考えているものです。「ああ、俺はダメだ。営業に向いていない」とか「セールスは難しい」「客とは断るものなんだ」という発想から抜けられません。その上悩んでいる時は常にそれらの言葉を心の中で反復している状態です。だから言葉通りになってしまうのです。人生は自分の発した言葉どおりになるのです。

もちろん「ありがとうございます」もたくさん言い続けているのですが、固定観点、つまり決め付けていること、ゆるぎなく信じきっていることは、心の手でしっかりと掴んでいる状態なのです。掴んでいるところには「ありがとうございます」と言うスーパー真言も太刀打ちできません。影響することが出来ないのです。だから「ありがとう」も効果を出せないのです。

心を解いて手放したところには、感謝法は必ず効きます。夫婦の不調和は長年の問題なので、もうこんなもんだとあきらめて、日ごろ意識していなかったりする、つまり心の手で掴んでいない状態か、掴んだ手が緩んできている状態です。だから夫婦の問題に感謝法が効いたのです。

よく感謝法をやってもぜんぜん良くならないとおっしゃる方の話をじっくり聴いて、その上でご質問し確かめると、肝心の悩みは変わっていないけれど、周辺でいくつかの良いことが起きているということが圧倒的に多いのです。そしてご本人いわく、「この悩みを解決したくて、忙しい中笑顔セラピーを受講したのに肝心のところが変わってないのでは、受講した甲斐がない。このくらいの変化では納得できない」ということで「変わっていない」という言葉になります。感謝法をやるたびに、「まだ変わらない」という言葉を心の中でつぶやいているので、言葉通りに「変わらない」と言う事実を体験することになるというわけです。

このように人生の全ては、厳然と言葉通りになるのです。

感謝法は感謝行への準備段階

では、このような時どうすればいいかというと、信じ続けて、つまりお任せでもっと回数を増やして「ありがとうございます」を唱え続けることです。

「ありがとうございます」による大調和「ありがたい状態」はというのは、決して自分の思い通りになることではないのです。「ありがとうございます」の持つ幸せ波動を正しく理解することです。

我欲による思いをみんなが実現させたら、地球環境は一気に崩壊するし社会に混乱を生じるでしょう。「大金持ちになって、贅沢に暮らしたい」とか「出世をして、お金持ちになり権威を手に入れてかっこよくなり尊敬されたい」などという我欲をみんなが感謝法で満たすことが出来たなら、みんなが「ありがとう」と感謝しあえる世界にはなりません。本人もお金持ちになって一時は満足しても心は満たされない、お金は手に入ったけれど家族や体調などに問題が発生するなど、我欲を追いかけている間は決して安らげないのです。高次元の法則である調和の法則に反した生き方をしているのですから、人生全ての運氣が上がって本物の幸せが手に入ることはありえないのです。

お任せするというのは、「もし自分が売り上げを上げることが今本当に必要なら上げてください。もしそれが逆に天命に反し調和しないことであるなら、成績は上がらなくて結構です」という気持ちで、ひとまず「ありがとう」を回数多く言うことだけを目的にやってみてください。「現世利益を追求する感謝法に対して、お任せし調和の法則の基づいて生きるために「ありがとうございます」を唱えるのは「感謝行」です。

感謝行を実行すると人生の根本的な変化が起きてきます。もし天命が別のところにあるのなら、そのお仕事のほうに導かれます。その場合いったん今の仕事を辞めざるを得ない事態が起きてくるかもしれません。しかしその後、天命の方向への大きなチャンスがやってくるのです。あるいは、仕事に対する価値感が全く変わるケースもあります。価値感が変わり、自然と真理に従った生き方に変わり、その後、幸運がやってきて、幸せでありたいと思える状態の自分に必ずなるのです。

芳江さんは化粧品会社のセールスマンでした。自分は笑顔がなくて性格も批判的できつく、人間関係も良くなく安らぎのない人生がいやで、自分を変えたくて笑顔セラピーの門を叩きました。

笑顔作りなどのワークもいまひとつ続かず、やはり変われないのか、と思いかけていました。感謝法ですら続きません。こんなことやって本当に変われるのかしら？という批判精神がすぐに起きてきてしまうのです。

しかし何とか自分を変えなければ、もう生きていくのも辛くなっていましたので、感謝法をやり続けたいと思いつめました。考えた末「そうだ、たくさん言えなくてもいいから、まず一回でも『ありがとうございます』を言えたことに感謝しよう」と感謝をし始めたとたんにありがとうが回数多く唱えられ続くようになってきました。すると、気持ちが穏やかになり、次に成績が面白いように伸びていったのです。

でも、３週間ほどすると成績の伸びがぴったりと止まってしまいました。「あれっ？」

と思いましたが、今までの自分なら焦ったり、成績が伸びている人に嫉妬したりするはずが、そんな気持ちが全く起きず、落ち着いている自分に自分で驚いていました。

さらに2週間するとまたぼちぼちと売り上げがあがるようになってきたのですが、このときの成績は「売りたい」という競争意識で成績を追いかけて取った売り上げではなく、お客様のほうから「この化粧品がいいと聴いたからぜひ売ってほしい」「前に買ってよかったからまた買うわ」などと求められて売れるというパターンに変わっていたというのです。買ってもらって感謝、そして売ってもらって感謝、そこには本物の商売のあり方、大調和の循環が存在しています。そして、わがままに手を焼いていた息子さんの言動にも、以前のようにいちいち腹が立たなくなりとても穏やかに過ごせるようになり、すると息子さんも不思議とわがままを言わなくなって、手伝ってくれるようにすらなってきたというのです。

感謝法をやっても、うまく効果がでないときは一旦、「よい結果が欲しい、望み通りになってほしい」という思いを横において、ただひたすら真剣に「ありがとうございます」を唱えてみましょう。すると道がすっと開けてくることが多いのです。

そして、もうひとつ大切なことは「ありがとう」を唱えるとき、必ず「ありがとうございます」と「ございます」をつけた形にしてください。「ありがとう」は、感謝のエネルギーを発信します。それを「ありがとうございます」にすると、自分ひとりの小さな感謝をこえて「宇宙意識が今ここに存在します」つまり「ありがとう」＝「神様が」で「ございます」＝「いまここにまします」というエネルギーの言霊になり、大自然の摂理である大調和のエネルギーを自分の人生や環境に呼び込むことになるのです。その結果、病気やトラブルなどの不調和は消えてゆくというわけです。

「ございます」をつけず「ありがとう」だけで、唱えても時として良いことが起こることもあるのですが、それは、今、多くの方々が唱え続けた「ありがとうございます」の相乗効果による大きなエネルギーが見えない光の柱となって今の日本、地球に降り立っているからです。そのおこぼれをもらえるので、「ありがとう」だけでも一時的に効き目を発揮することがあります。

しかしその光の柱をより太く大きくすることが、「ありがとうございます」を唱える人々の使命です。「ありがとうございます」は、良いことを引き寄せたい単なるテイクのノウハウではなく、本来ギブのエネルギーで、愛そのものなのです。根っこから人生を変え、愛一元の中で崩れることのない幸せの中に生きるためには「ありがとう」ではなく「ありがとうございます」でなければなりません。

大自然の摂理は大調和で愛です。愛を生きたときに運命は最高に良くなるのです。「ありがとうございます」で大調和、そして愛のエネルギーを呼び出して運氣を上げるというのが、感謝行なのです。

自分の願いをかなえるために唱える「ありがとうございます」は感謝法です。感謝行は感謝法に比べ、その質もパワーも万倍大きいのです。感謝行は自分のためにやるのではなく、生きとし生けるものの幸せのためにやるのです。今何人のために、自分は「ありがとうございます」を唱えているのかを、考えてみてください。人数が多ければ多いほど大きな助けが下りてくるのです。感謝法から始めて最後は感謝行に移行することを、強くお勧めします。

感謝法で効果があらわれない原因……その2

感謝法で効果が現れない第二の原因は、肝心なところでマイナス波動を発しているという状況です。

感謝法のやり方に則って、朝起きたとき、会社へ着いたとき、休憩時間、夜寝る前など、いつも「ありがとうございます」を唱えているのに、どうしても上司との人間関係が改善されないと悩んでいる人がいます。もし、あなたも似たような状況にあるとしたら、もう一度自分の行動、精神状態をゆっくりと振り返ってみてください。

たしかに、あなたは一日に何度も「ありがとうございます」を唱えています。本来ならば、プラスの波動が共鳴して、運氣がアップしてもいいはずです。

ところが、いざ上司と対面すると、「ああ、やっぱり好きになれない」「どうしてあんな皮肉ないい方をするんだろう」などと、知らず知らずのうちに、反射的にマイナスに考えてはいないでしょうか。瞬間的に「いやな人！」などと思ってしまってはいないでしょうか。

もしそうだとしたら、「ありがとう」のプラスも発信していますが、同時にマイナス波動をも発しています。これでは、プラスに行きかけてはまたマイナスに引き込まれるという繰り返しで変わりきることができません。

でも、これも前述のように強く固定観念として「嫌な人なんだ」と決めつけていては変わりませんが、感情的な揺れだけならば、根気強く続けてゆくことで自分の感情が調和の方向に働き始め、マイナス感情が消えてゆきます。

とても嫌な相手へのマイナス感情というのは、自分の心の奥深くにその人と同じものを持っているときに起こってくるのです。自分に一切ないものであれば、マイナスを見てもただマイナスだと判断するだけで感情反応はおきません。コントロールできない感情というのは、自分でコントロールできない自分があり、その自分と同調しているということです。つまり嫌な相手は、深層心理の奥に隠れている自分の鏡だというわけです。

感謝法を続けると、その自分の嫌な部分が消えていくのです。しかしもともと無自覚の部分ですから、自分が変わったという意識は持てないので、表面的には相手が先に態度行動を変えてくるというケースが圧倒的に多いのが、不仲な人との関係が改善されるときのパターンです。

人はつい、嫌なことに意識を向けてしまいます。相性の合わない上司がいれば、出社した途端に「ああ、課長と顔を合わせたくないな」と思っているでしょうし、気に入らないクライアント（お客様）との打ち合わせの日には、「今日は気が重いな」と感じながら出かけるでしょう。嫌なことほど頭から離れず、ついつい考えてしまうのです。

そして、自分にダメ出しをして「よし、嫌なことは考えないようにしよう」と心に誓うのですが、残念ながらそのやり方はほとんど成功しません。

トルストイの石の話を思い出してください。「よし、あの石にぶつからないようにしよう」と思えば思うほど、その石に吸い寄せられてしまうのでしたね。

では、どうすればいいのでしょうか。

そんなときこそ「ありがとうございます」を唱えて欲しいのです。少しでも自分のなかにマイナスの感情、マイナスの言葉が芽生えそうになったら、それらのマイナス波動を消そうとするのではなく「ありがとうございます」という焼却炉にそのマイナス感情を流しこむようなイメージで唱え続けましょう。それでもどんどんいやな感情が沸き起こってくるでしょう。するとまたどんどん「ありがとうございます」を唱え続けるのです。嫌な気持ちが強いほどマイナスを大きく消すチャンス、真剣に必死に「ありがとうございます」を唱えるのです。

嫌な感情との真剣勝負です。負けずに唱え続けましょう！　もっともっと‼

するとどうでしょう。ある瞬間、スーッと穏やかな気持ちが流れ込んできます。体験者は「何とも温かい感情が心いっぱいに広がって涙が流れました」などと告白してくださいます。もちろん、体験は人それぞれ違うのですが、とにかく不思議なほど、安らぎいっぱいの自分に置き換わるようです。

もう一度言います。沸き起こるマイナス感情と、「ありがとうございます」との真剣勝負に勝つことが、分かれ目です。言い換えると勝つまでやる、と決意すること、この決意の正体は「ありがとうございます」を宇宙の調和と愛を「信じ切る」ということです。この信念を養うことが感謝行の本来の目的なのです。

仕事、家庭、人生など、辛いことが起こることは誰にだってあります。そして、辛いことが起こると、どうしてもそのマイナスに心が釘づけになります。人と衝突したり、ミスをすればそのことばかり思い悩み、病気になれば四六時中病気への不安が頭から離れなくなります。それらを考えないようにしようとするのは、そもそも無理な話なのです。

しかし、辛い出来事や悩みに注目しているのでは、運氣は下がる一方で、地獄沼へ向かう道のりをせっせと歩いていることになります。だからこそ、ひたすら「ありがとうございます」を唱えて欲しいのです。「ありがとう」と言いながら同時にマイナスを思うことはできません。辛いとき、悲しいとき、悔しいときこそ、感謝行を実践するチャンスです。「ありがとうございます」と唱えることは、あなたを真っ白でゆがみのない絶対調和の状態に押し上げてくれます。そして、ゆっくりと幸せ山への道を指し示してくれるでしょう。つまり価値感が変わり、自然に感謝の気持ちが湧いてくるのです。

心を込めるより大事なことがある

つくり笑顔のところでも述べましたが、感謝法も心がこもっていなくても大丈夫です。会社の上司と馬が合わない、どうしても苦手な取引先の担当者がいる、上司や先輩などにいじめられている、仲間から軽視されことごとくいやみを言われるなど、人間として辛く腹立たしい状況に立たされたときに、「心から感謝しましょう」と言っても無理な話です。

プラス思考になるためには、心から感謝できなければならないと思っていると、「どうして私は感謝することができないのだろう」と自己否定の思いが出てしまい、マイナス波動に戻ってしまいます。自己否定というのは他人に怒りを向けたり批判するより、ずっと根の深い致命的なマイナス波動を出し、ごっそりと運氣が下がってゆきます。

こういうときには、まずは形から入る勇気が思っている以上に大切です。**自分を変えるための実践をスタートさせる時必要なことは、難しい理論やノウハウではなく、受け入れる素直さと勇気なのです。**

「ありがとうございます」を繰り返し唱えるという単純な行為なら、どんな精神状態にあったとしても、素直に信じる心と実行への勇気さえあればできるでしょう。

悔しくてしょうがないとき、悲しみのどん底にあるときなど「ありがとうございます」の言葉と自分の気持ちのギャップにギクシャクして「ありがとう」が言えないときもあるでしょう。そんなときは「クソッ、ありがとうございます」でいいのです。もちろん「クソッ」と唱えるのではありませんよ。実際には「ありがとうございます」と唱えるのですが、心のなかは怒りが充満していてもいいのだということです。その怒りをつかむのではなく怒りは「ありがとうございます」の焼却炉に放り投げていくのです。

「ありがとうございます」はすべてのマイナスを消してゆく高温の焼却炉のようなものです。怒りはただ自然に湧き上がってくるもの、その感情に気持ちを向けず、ただ感謝行を続けるきっかけと考えて放っておき、ひたすら唱え続ける「ありがとうございます」にしっかりと意識を向け続けるのです。ここは勝負どころ、怒りに気持ちを取られないよう頑張ります。

そういう時の、ちょっと変な私のやり方をご紹介しますね。怒り君（?）に向けて「君は勝手に怒ってろ！　私は感謝行に忙しいから、君にかまっていられない」というスタンスでやるのです。

「ありがとうございます」の言霊のエネルギーが、感謝の気持ちを引き出してくれるのです。この感謝は本物の感謝です。自分にとって都合のよいことが起きたら感謝というテイクの心をもとにした偽物の感謝ではありません。「感謝なんかできるものか」と決めつけている人以外は大丈夫！　実践すれば必ず心が変わり、その後現実の状況もプラスの方へと変わってくるでしょう。

最初は、回数作戦から始めるとうまくいく

感謝法を続けていき、感謝行に移行していけば、自然に心から感謝したいという気持ちになります。しかし感謝法を始めたばかりの頃は、心を求めるより回数を求めた方がうまくスタートできます。１０００回２０００回と言わず、５千回、１万回の「ありがとうございます」を一日に唱えている方もたくさんおられ、大きな成果をあげていらっしゃいます。

1日1万回やると確実な変化を実感できると思います。また人生の大きな苦難に見舞われている人が1日3万〜5万回唱えたら、一気にその苦難からの脱出ができたという例もたくさんあります。

辛いことにとらわれている時ほど、たくさん「ありがとうございます」を唱えてください。せっかくありがとうパワーでマイナスを消し、プラスパワーに切り替わりそうになっても、ついマイナスなことを考えたり言ってしまい、マイナスパワーを相乗効果で増やしてしまったら、当然マイナスを根絶できるわけがありません。少しずつ積み重ねようとすると、時間に隙間ができて、その隙間にマイナスの言葉や思いが浸食してきて悩みはじめます。そうならないために、まずは「ありがとうございます」であなたの毎日を充満させ、感謝行で忙しくて悩む暇をなくすのです。すると「ありがとうございます」の偉大なるパワーが唱えた回数の2乗倍で心に貯まっていき、一気に心も状況も変化していきます。

また、感謝法、感謝行を実践していたら、余計に悪いことが起きる、といった不思議な現象が起きることもあります。でも慌ててやめないで、むしろ、さらに熱心に「ありがとう」を唱え続けて欲しいのです。すると、一気に人生が根っこから変わって何もかもがすばらしく光輝いてきます。おおげさではなく、本当にそんな実感なのです。

枝葉でよいことが起きるのは、まだ根っこから変わっていないということです。根っこから変わるときには、心に貯まったマイナスエネルギーである業やカルマを一たん大掃除する必要があります。心の奥深くに抑圧していたマイナスエネルギーが浮き上がり消えてゆくプロセスで、一時的に体調が悪くなったり、人とのトラブルが発生したり、仕事に失敗したりという現象が起きます。ちょっと怖いと感じるかもしれませんが、度胸をすえて「ありがとうございます」で受け止めてください。

すると大体短期間ですっと消えてゆき、そのあと人生を大きく変えてしまうすばらしい人や仕事と出会ったり、大きくプラス思考で安らぎと力のある自分に成長していたり、必要ならお金の流れがとても良くなっていったりします。規模と質の全く違うラッキーがおきて人生が根っこから変わってくるはずです。

マイナスも万分の一に小さくしたものを経験するのですから、これこそ本当にラッキーなことなのです。この、いわば好転反応を拒否する人が時々いらっしゃいますが、強く「嫌だ」と思うとせっかく起きてきた好転反応、つまり大きく運氣が上がるすばらしいチャンスが途中で消え、ただのマイナスの出来事になってしまいますから気をつけましょう。まずは言葉だけでもいいから「ありがとうございます」と、喜んで受け入れることです。

人間関係も依存していた相手や波動の低い相手とは縁が切れていき、その後ぐんと波動の高い自立して愛の深い人との縁ができるでしょう。縁が切れる時にはしがみつかず、あっさりと手放すことが大切です。

人間関係だけでなく、一見良さそうに見えて、実は成長を阻んでいる物や事が目の前から消えてゆきます。それらを捨てなければ、本当の幸せは得られないのです。自分にとって良いと思う物ほど、執着し固定観念を作ってしまいます。執着や思い込みは自由を阻害し、次なるステップへの成長を阻んでいるのですから、どんどん捨てて、新しく受けなおしてゆくことが、生まれ変わり、大変化するチャンスなのです。

感謝法体験談

＊吉田栄治さん　46歳　自営業　横浜

建設会社を自営していると、いつも資金繰りが大変です。友人から仕事を頼まれたのですが、仕事は今すぐ着工で、お金は来年という分の悪い条件なのです。しかし世話になった友人からの依頼で断れずに引き受けました。どんな仕事でも誠実にこなすのが私のモットーです。仕事は半年で終わり友人にもとても喜ばれ奥さんにも気に入ってもらえて感謝されたのは嬉しいのですが、お金は後半年近く待たなければ入ってきません。悪いことは重なるもので、それ以外にも約束の支払いをしてもらえない工事があり、あわや倒産寸前に追いこまれました。人の良い約束をしたことを後悔しましたが、後の祭りです。感謝法を思い出して、お風呂の中で1000回ほど唱え、翌朝の散歩の時にも唱えました。

するとびっくりしたことに、友人から電話が入り、「悪いので、銀行で融資を受けて支払うことにしたよ。明日振り込むから」といってきたのです。それだけでも驚いたのですが、2年ほど前に、夜逃げ状態でゆくえ知れずになって支払いが滞っていた元受先の建設会社の社長と偶然バーでばったり出会い、向こうから声をかけてきたのです。相手はその当時とは全く別人のように髪型を変えひげを伸ばして服装も変わっていたので、彼とわからなかったのですが、相手から「お久しぶりです。伊本です。申し訳ないことをしました。

直ぐにお支払いします」といってきたのです。2件の収入のお陰で倒産は免れました。本当に不思議でそれからはずっと「ありがとう」を続けています。

＊吉沢靖男さん　33歳　クリーニング店店長

クリーニングの仕事は苦情処理が大変です。ボタンが取れている、大切な思い出の洋服の色があせてしまっている。しみがかえって濃くなったなどなど。お金では処理できない、取り返しのつかないトラブルが多々あるのです。そんなときには、お客様のお家まで菓子折りを下げて謝りに行くのが店長の仕事です。

寒い夜道を歩く道すがら、気持ちはどんどん重くなります。私は感謝法を知ってから、1日1000回のありがとうを唱えた結果、三日目に慢性の肩こりが取れたことがあり感謝法の効果を信じていました。そこで夜道を歩きながら、「ありがとう」を唱え始めました。すると気持ちがどんどん楽になってゆきました。足取りも軽くなります。そしてお客さまのお家について、お詫び申し上げるととても気持ちよく、お許しいただけたのには拍子抜けしてしまいました。だってお店に洋服の引き取りにこられて状態をごらんになったときには、「高価な服をどうしてくれるの。もう同じ服は手に入らないのに」ととてもご立腹で、手がつけられない状態だったのです。それ以外にも、法外な賠償金の要求をしてこられてまいっていた苦情も「ありがとう」で難なくやりすごせたのです。

苦情だけではなく、私は工場では、難しい染み抜きの仕事をしているのですが、感謝法をしながら染み抜きをしていると、なぜかどの薬品を使うと取れるしみなのかが直感的にわかってきれいに取れるので不思議です。頑張っても取れないしみもありますが、感謝法をやっていると、取れるときにはしみを見た瞬間「取れる」とわかるのです。そして、その時には見事にきれいに取れるのです。

＊安田優子さん　32歳　ＯＬ

私はアレルギー体質でアトピーでした。悩んで皮膚科にも通いましたが、なかなか治りませんでした。あきらめかけていた時に、笑顔セラピーを受けて感謝法を習いました。半信半疑でしたが、藁をも掴む思いでやってみようと思いました。というのは、受講生の仲間がいろいろ変わっていっているのを見ていたからです。しかし私の頑固なアトピーが治ると信じるのは、なかなか大変でした。

でもやりはじめると、マイナス思考の私がなんだか落ち込まなくなりました。落ち込んでもいつものようにどん底まで行かず、「まあ、何とかなる」と思え、トラブルの相手にも今までのようにこだわらずに、すぐに許せるのです。これだけでも大きな効果なので、どんどん回数を増やしてゆきました。すると、人から「肌がきれいになったね」と言われ、いつも見るのが嫌いな鏡を覗き込んでみると、確かにきれいになっているではありませんか。それからは一気に5千回に増やし唱え続けました。すると嫌いで許せなかった母への感謝の気持ちが沸きあがってきて、涙があふれてきました。当然ギクシャクしていた母との関係がとても良くなり、家庭が穏やかに成りました。

そして4ヶ月たってセラピーを卒業する時期には、アトピーはすっかり治っていました。心の曇りもなくなり肌の曇りもなくなっていたのです。もうひとつ、私にはことごとくきつかった主任がとても優しくなって、仕事も楽しくなったのです。どうも母と主任がダブっていたようです。

＊椎名栄子さん　43歳　保険会社営業　大阪

うつ病で人間関係が辛くて、いつも不安との戦いの人生でした。職場ではほとんど誰とも会話出来ず、息の詰まる思いでした。感謝法に出会い、「これだ」と感じて1日に5千回1万回と回数を増やしてゆきました。一心不乱に唱えると、心が安らぎ明るくなるのがわかり、ますます感謝法は私にとって命綱のようになり、歩いていてもずっと「ありがとうございます」と唱え続けました。

するとと職場では、まず自分の不満や要求が消えてゆきました。与えられるままに受け入れようと決め、それでも自分の思いが出てきたらまた「ありがとう」を唱え、自分の思いを消しました。独立採算の営業をしている私は、それまでは、損得計算で経費を計算して動いていたのがなぜか損得抜きで動けるようになってきて、ますますリラックスしてきました。人から何か頼まれたら、喜んでやれるのです。職場では、言葉が出てこなくても笑顔を出せばよいと思い、笑顔でいると周りからも笑顔を向けてもらえ、言葉をかけて誘ってもらえるようになりました。あんなに辛かった職場が今では笑顔一杯で、楽しく働けるようになったのです。奇跡です。

営業成績も悪かったのが、なんと2倍以上の実績が上がるようになりました。心配性だった私が、大きなお仕事が来ても不安なく「よし、何とかなる」と思えるのです。そして、自分のための営業成績目的ではなく、私がパイプになってお客様一人一人に合った契約を心をこめて提案させていただく、という気持ちで仕事できるので無理がなくお客様にも喜んでいただけます。

＊塩野優子さん　43歳　名古屋市

私が今勤めているビジネス街の郵便局は、いつも混雑していてあわただしくお客様を長らくお待たせすることもたびたびです。かといってお金を扱う仕事だけに間違いは許されません。局員もストレスがたまりがちです。

長く待たされてイライラが募ったお客様から、厳しい口調で苦情を言われることもよくあります。ですから、ストレスのため局員同士のトラブルもよく起き、局内は一触即発という雰囲気でした。

私は笑顔セラピーに通い始めて、通勤の電車の中で１５００回位の「ありがとうございます」を唱え、また仕事中もトイレに立った時などには数十回の感謝行が習慣になりました。するとやり始めて２週間くらいたったころから、局内の雰囲気がずいぶん和らいできて、スタッフの顔に笑顔が増えてきたのです。またお互いにカバーしあって仕事をするような空気も出てきました。するとお客様から苦情を言われることも少なくなり、落ち着いた様子でお待ちくださるようになったのです。お待たせしたお詫びを申し上げた時も「いえいえ、あなたも大変ですね」などといたわりの言葉をかけてくださる方もいらっしゃいます。するとさらに一生懸命仕事に励むことができます。

感謝行の実践で職場の空気まで変わることに、本当に驚きました。

第3章

職場の人間関係をよくする ツキの法則

職場はあなたが成長するための最高のトレーニングの場

職場の苦手な人間関係は、あなたを笑顔一杯、幸せ一杯にするための、一番のトレーニングの場所です。「トレーニングしてもらっている」と受け取れば、少々辛い人間関係も前向きに捉えられますね。相手が優しい笑顔を向けてくれるのは、自分自身の力ではなく、相手が強く立派な人なのです。だから自分に辛く当たる人こそが、自分を幸せしてくれる張本人です。「クソッ、ありがとうございます」を早速実行してください。魂レベルでは、わざわざ悪い役を引き受けてまで、一生懸命あなたを幸せに誘ってくれようとしている天使なのです。

むしろ、優しい相手にはついその優しさに甘えたり依存的になってしまい、運が悪くなるかもしれません。依存は運氣を大きく落とします。だから人に優しくしすぎて依存させるのはよくありません。

部下や後輩の世話をするより感謝し信頼して、相手をほめる、つまりプラス言葉をプレゼントすると、自分も相手も自信とやる気というエネルギーが湧いて運氣が良くなるのです。関係がこじれていて笑顔になれなくても大丈夫、「ありがとうございます」を回数多く唱えることから始めればいい、ありがとうチャンスだと思いましょう。

「ありがとう」は感謝の気持ちを引き出してくれる魔法の言葉でしたね。唱えているうちに感謝が沸いてきて、笑顔になれる日が必ずやってきます。実行して確かめてみてください。信じて実行が大切ですよ。

あなたが意識すれば今までよりちょっと明るい挨拶ができます。少し勇気をだしたら、大きな声で歯切れよく挨拶や返事ができたということはありませんか。嫌なことがあったとき、自分の席で苛立っていないで、ちょっと勇気をだして「ありがとうございます」を唱え、ほっぺを持ち上げてみましょう。

さあ、今ここが、あなたの人生を大きく変えるターニングポイントです。大丈夫！　笑顔や「ありがとう」の日常行は、決して難しいものではありません。邪魔しているのは、ひょっとしたら自分のプライドやマイナスの思い込みです。勇気さえあれば誰でも簡単に実行でき、人間関係を変えることができるのです。これはどんな場面にもどんな人にも、有効で最高の方法です。職場は自分を変える勇気を持つための最高のトレーニングの場なのです。

朝起きたとき、「会社へ行くのが嫌だな」と思っていた人は、「今日はどんなトレーニングができるかな」と考えてみてください。たとえ笑顔計画書通りできなくても自分を責めないで、一つでもできた時には「一つ出来た、ありがとうございます」と自分にありがとうを贈ることが大切です。ここが究極のプラス思考の秘訣で、人生を変えるコツなのです。「だめだ！　できなかった‼」は、ますます「できない波動」を呼び込むマイナス思考の原点です。できなかった時は、もう一度笑顔計画書をしっかりと見て確認し、明日はこの人にしっかり笑顔をしようと決め、出来ているところをイメージしてください。このように笑顔計画書に関しては、いつまでかかっても妥協しないで追求していきます。ただし自己否定はせず、やれるまで意識し続けるのです。そして「ありがとうございます」を唱え続けましょう。継続が人生を変えるのです。

どんな大成功者もこの積み重ねで成功したのです。松下幸之助氏がある人に「アンさん成功者でんなあ」と言われた時「失敗の数では負けしません。成功するまでやめんかっただけや」とおっしゃったそうです。

笑顔が返ってくることを一切期待しないと強くなれる

職場では自分から大きな声で挨拶をしてにっこりと笑顔を向けているのに、相手が挨拶や笑顔を返してくれないとしたら、かなり心が折れそうになるでしょう。しかし、心が折れそうになったときには、何のためにこの日常行を始めたのかをしっかりと思い出してください。

あなた自身が運命を切り開いて、幸せになるためです。つまり、大切なのは自分が何をするかであって、相手がどのように反応するかではないのです。まずは相手の人生は相手に任せて、自分の人生を変えることに専念しましょう。相手がどう反応するかをとやかく批判するのは、越権行為です。相手の行動や考えを選び決められるのは、自分ではなく相手です。自分は自分の考え方と行動を責任を持って選べばいいのです。

確かにプライドが傷つくかもしれません。しかし本当の意味の自分のプライドは、相手に振り回されることなく自分が決めたとおりに、堂々と行動できることです。弱い犬ほど良く吠えるというように、自信のない人ほど対面を気にして、優位にいることにしがみつき、内面ではいつも相手の出方に振り回されて、おどおどしているのです。

次章で書きますが、自分が相手に愛（運を良くするプラスパワー）を贈ると決めたのであって、相手から愛をもらうために笑顔を向けたのではありませんね。もしそういう目的であれば、それは海老で鯛を釣ろうとしている、つまり作り笑顔で相手の好意をゲットしようとしていることになります。結局はギブするふりをして目的はテイクなのです。

愛されたい、好かれたいというのは人間の本能ですから、その気持ちは無視できない強い欲求です。しかし、そこを超えて悪循環を断ち切るためには、ここ一番、相手からの笑顔は一切要求しない、むしろ笑顔が返ってこないほうが良いトレーニングの機会が与えられたと思って実践に励むのです。

実際前述したとおり、運命は自分の善行が評価されて感謝されたら、徳というプラスの貯金ができません。だから「陰徳を積む」と言って、「人知れずよいことをしなさい」と昔の人は教えたのです。良いことをしているのに誤解されたり無視されたりしたら、実はさらに徳の貯金が大きくなるのです。

これは、ちょっと理解しがたいことですが、多くのありがとう実践者の体験で、誤解されたり言いがかりを受けた直後から自分の気持ちが今までにないおおらかさと安らぎに包まれるようになったといいます。もちろん、相手からのマイナスにマイナスの反応をしたら、そういう次元上昇は起きません。形からでもいいので、必ず「ありがとうございます」で受け止め、しっかり感謝行を実践してください。

良いことをして「こんなにやってあげた」という思いを持つのは最悪です。これでは大きく不徳を積んでしまい、運命が落ちる結果になるのです。

笑顔を向けたりボランティアしたり、人のために尽くしたりした時、「やらせていただいて感謝です」という気持ちが大切です。すると徳を積めるのです。そのためにも「やってあげたのに」「こんなに笑顔を向けてやっているのに」と思ってしまった時には「キャンセル、キャンセル、ありがとうございます。ありがとうございます」と感謝法をしましょう。

職場は笑顔と感謝を身につける道場

上司の一番の役割と言うのは、部下への仕事の指導や能力磨き、指示も大切ですが、もっと大切なのは、職場全体にみなぎるエネルギーの質を上げること、一般に言う社風、部署の雰囲気をよくすることです。

専門的な言葉でそれを意識場といいます。波動の高い意識場だと、みんなが安心感一杯でのびのび仕事ができます。笑顔が自然にでて、みんながプラス思考でほめあったり助けあったりできる風潮が生まれ、一人ひとりのやる気もでてくるのです。要するに良い点が引き出される雰囲気に満たされた職場にするのが上司の一番大切な役割です。意識場さえ高くできれば、あとは放っておいても、効率が上がりよい仕事ができてゆき、それぞれが成長します。そしてメンバーの運氣がどんどん上がるのです。

松下幸之助氏が「運の悪い上司に仕えることほど、不運なことはない。上司は運が良くなくてはならない」と言っておられるのは、職場は運氣をあげる場所で責任者が上司だという意味です。

だから部下に笑顔をもらってお返しをしているようではいけません。先に笑顔やほめ言葉、感謝をどんどん振りまいて、部下が自然に笑顔になるような雰囲気を生み出すことです。もし笑顔が返ってこなかったら、上司から挨拶しているのに……とプライドで怒るのではなく、まだまだ意識場作りに成功できていないと反省をしてください。それが本当の上司として持つべき責任感とプライドです。

もしあなたがまだ平社員やアルバイトであれば、黙って自ら笑顔責任者に就任してください。笑顔責任者なら、上下関係はないので出しゃばりや越権行為にはなりません。笑顔責任者はグーンと徳が積めるのです。ただし、自分の徳積みのためにやるのはエゴですから徳は積めません。みんなのためにいい雰囲気を作り、それをさせてもらうことに感謝するのです。すると、みんなから慕われ楽しい職場になります。そう、どこまでいっても、人生は笑顔と感謝を身につける道場ですね。

上司として、部下に挨拶をさせようと教育するのは、あまり良い方法ではありません。そもそも人間は強制されると苦しくなるものです。自分の自由を奪われ義務になるとマイナスの波動を発します。すべての幸せの元は自由であり、自由のないところには一切の幸せは存在しないという真理があるからです。だから、提案すればいいのです。実践するかどうか、相手が自由に選べばいいのですから。自由度の高い職場ほど、波動レベルが高いものです。「他人と過去は変えられない。変えられるのは今ここの自分だけ」です。

また、職場によっては、上司の問題点や悪口を言う人が本当にたくさんいます。職場の人間関係、仕事の効率など、上司が悪いから自分の仕事もうまくいかないと感じている人は多いようです。しかし、それが3次元的（現実社会規範的）にどんなに事実だとしても、マイナス感情を沸き立たせていれば、マイナス波動に共鳴して不幸になっていくだけです。宇宙法則では、正しいか間違いか、又社会的良し悪しは全く何の意味もなさないのです。プラスの言葉を使ったかマイナスの言葉かの違いがあるだけです。プラスの言葉を使うと言葉通りプラスの行動を取ります。

上司の問題を糾弾するよりも、あなた自身が幸せになるためにやらなければならないことは、笑顔とありがとうの日常行です。

人は一人で生きているわけではないので、他人の影響を受けることは避けられません。しかし、厳しいようですが、問題が起こるたびに相手に問題を押しつけるのは、自分自身が他人の人生に引きずられている自律性の欠如です。悪いことを糾弾していたら、今の地球上は悪い事だらけです。犯人捜しの名人になるのではなく、勇気をもって「マイナスを見ない、聴かない、言わない」で「プラスを見る、聴く、言う、行動する」にシフトしていく時代なのです。その責任者はあなたです。

何の理由もなく、理不尽にあなたをいじめている人がいたら、この世的（3次元的）には相手に問題があることは事実です。しかし根っこ、つまり波動的に見れば、自分にも同じマイナスの波動があるということです。相手からいじめを受けている人は、心の中で自分いじめをしている、つまり自己評価が低いのです。または口には出さずとも心の中で他人を批判し怒り恨んでいたりするのです。そういう立場にいる方は、胸に手を当てて考えてみると、心当たりがあるのではないでしょうか？　表面では被害者でも、水面下では自分も加害者なのです。いわゆる言葉で自分を責め相手を責めている、その結果がいわれのないいじめに遭っているという状況です。

自分の根っこを言葉で変えることが、運命を良くする唯一の作戦であることがわかりますね。感謝行を実践しましょう。

辛い人間関係から幸運の人生に転向できた

笑顔セラピーの受講生で、笑顔体操で人生を変えたたくさんの人のうちの一人に狩谷さんという大阪在住の37歳の男性がいらっしゃいます。

彼は、コンビニエンスストアと、ティッシュ配りのアルバイトをしていたのですが、ティッシュ配りをしていると1日に30人位腹が立つ人がいて、「コイツ、刺したろか」と思っていたそうです。無視して通り過ぎるならまだしも、一度受け取って目の前で捨てる人、わざわざ彼に向かって「いらねえよ」と言ってくる人もいるそうですから、そのストレスは相当でしょう。肉体より精神的にきつい仕事で、1日に2、3時間働くのが限界だと彼は言っていました。

しかし、彼は笑顔セラピーで笑顔体操を習ったので、どうせなら笑顔の練習をしながらティッシュを配ろうと思い立ったのです。口角と頬をあげて笑顔を作ってティッシュを渡すと、あんなに嫌な人ばっかりだったのに、不思議なことに失礼な態度をする人がほとんどいなくなったというのです。それどころか「ありがとう」と言ってくれたりする感じのいい人が増えたそうです。プラス波動が共鳴したのですね。するとと精神的にすごく楽になって、嫌な気分になることがなくなったのです。今までは2、3時間が限界だったのに、5、6時間やってもまだ余力が残るようにもなったと話してくれました。

笑顔で運氣をアップさせるだけでなく、体も心も楽になって長く働くことができるようになったのですから、すばらしい一石二鳥です。

彼の体験にはさらに後日談があって、コンビニのバイトで接客をしながら笑顔を作っていたら自然に親切な気持ちが湧いてきました。お客様の荷物を一まとめに出来るよう、大きめのレジ袋を渡してまとめてあげて喜ばれたりしていると、仕事がだんだん楽しくなってきたといいます。

そのコンビニには本部の指導員がお客様のふりをして店内をチェックし清掃や品揃え、接客を審査し、後日その結果を元に店を指導する覆面チェッカーという人たちがいるそうです。そのチェッカーがちょうど彼が笑顔でお客様に親切にしているところを見て、後で名指しでほめられたというのです。それまで接客で注意を受けることが多かったのに、みんなの前でほめられて自分でも驚いたといいます。

そして彼の人生には、さらにすばらしい出来事が起こったのです。

笑顔セラピーを卒業してしばらくたったころ、彼から私に電話が入りました。「今バイトをしているコンビニの店長から無視されている」というのです。すると他のスタッフも右へならえで彼を無視してくるので、いたたまれないからやめようと思うと言います。原因は、その店長が賞味期限を改ざんして売るように指示をするので、正義感の強い彼はそれを強い調子で非難したということでした。

「店長の立場になってよく考えてごらん」と私は彼を諌めました。店長は本部で人件費率や売り上げの数字責任で責められ、汲々としているに違いありません。だって正論で責めてくる部下を無視するような店長は、とても気の小さいマイナス思考の持ち主のはずです。改ざんして良いとは思っていないはず、店長にしてみれば、後ろめたい気持ちでやった賞味期限の改ざんを、売り上げ責任のない気楽な立場のバイトに非難されたらいたたまれない、それをきちんと認める強さがあるくらいなら、最初からそんな姑息な手段もとらないでしょう。頭の良くない弱い人が追い詰められているところを、さらに正論で追い詰めたら何が起こるか、お互いに気分を悪くして、さらにお互いに運氣を下げるだけです。

懇々と説明したところ、素直で賢い彼はすぐに理解し、私のアドバイスどおりその日から店長に感謝法を実践しました。するとすぐに幸運が訪れました。翌日、仕事帰りに前に勤めていたコンビニの店長とばったり出会い、「新店の店長として赴任することになったから、またうちにバイトの教育係できてくれないか」と誘われたというのです。彼にとっては願ってもない話だったので喜んで引き受け、それ以来また楽しく充実した仕事を張り切ってやりはじめたそうです。

「ありがとう」で店長とは波動が合わなくなった、言い換えると学ぶべきことを学び終えたから、縁が切れると同時に波動の高い店長と新たな縁が結ばれたのですね。運氣が上がったのです。ちなみに学ぶべきことを学び終えるということは、嫌な相手に感謝ができるということです。感謝法は学びを一気に早めて、逆縁（辛い関係）を終わらせる効果があるのです。

運が良くて幸せになれるかどうかは、社会的に正しいか間違っているかということは残念ながら無関係です。それよりもプラスを見てプラスの言葉で表現するか、マイナスを見てマイナスの表現をするかが運命を決めるのです。多くの人がここを間違えて悪循環に陥るのです。

もし、相手が間違えたことや迷惑なことをした場合、それをマイナスに見て批判すると、自分も相手も運氣を落とします。自分のマイナスを引き受けてくれている人なのだと見るのが、宇宙的スケールで根っこを伸ばす見方です。誰かが引き受けなければならないこの世のマイナス（業やカルマ）をその人が引き受けて悪い役割をやってくださっている、「ありがとうございます」と見る、そういう受け取り方が、宇宙次元の正しい見方なのです。

マイナスの相手に感謝できたら、感謝された相手の運氣も同時に上がり、プラス波動になった相手は遅かれ早かれ、マイナスの行為を辞めることになります。直接、相手を変えようとすると、彼のように抵抗を受けて最悪の事態になります。そういう時は早く気づかれるよう、「ありがとう」を送って差し上げるのが最善です。その時あなたの運氣はぐんぐん上がります。そして心が強くたくましくなり、プラス思考でみんなに感謝される存在になるのです。

彼の経験を見ても、いかに職場が優れたトレーニング場であるかがわかります。あなたの職場だって例外ではありません。ぜひ、すばらしいトレーニング場に転換してみてください。

もうダメだと思ったときが成長のチャンス

セミナーやカウンセリング、講演等をしていると、「仕事を辞めたいのですが……」という相談をよく受けます。仕事を辞めたいと思うには人それぞれの理由があり、単純に良い悪いの判断を下せるものではありません。

たとえば、今の仕事とは別に本当に自分が向かうべき方向を見つけたのであれば、どんどん新しいことへチャレンジしていけばいいと思います。一方で、今の職場の人間関係に問題があるならば、すぐに辞めようと考えず、乗り越えて運氣をあげてから辞めるほうがいいでしょう。

現在の職場に対して「もうダメだ」「我慢の限界だ」と感じている人には、私は次のような言葉を伝えるようにしています。

「自己限定をしないで！ もうダメだと思うときこそ、自分の力を伸ばすチャンスだよ」

言葉の持つ偉大な力についてはすでに述べましたが、ここでも言葉が人の可能性に大きな影響力を発揮しています。肉体的、精神的、時間的に苦しいとき、人はつい「もうダメだ」と弱音を吐いてしまいます。この瞬間、マイナス波動の言葉があなたの可能性を奪っています。あなたの限界点はまだまだ、もっともっと先にあるのです。

いいえ、正確に言えば、潜在能力つまり本当の自分は無限力、限界点などないのです。世の中には奇跡的に困難を乗り越えて、事を成し遂げる人がいらっしゃいます。それを特別扱いして偉人のように思うのは間違いです。本当は誰にでもある力なのですが、本気でそれをやり遂げようと決意してスタートしたか、それとも自己限定して無理だと考えながらやったかどうかの違いだけなのです。

あなたに全く無理な仕事なら、最初からそんな仕事に従事するチャンスはやってこなかったはずです。潜在能力をどれだけ発揮できるかが成長目標です。しかしほとんどの人が「もうダメだ」という言葉で限界ラインを引いてしまうのです。引かなかった人だけが奇跡的に成功でき、偉人といわれます。本当はあなた自身も間違いなく偉人です。そして偉人になるチャンスは、限界を感じた時なのです。

ある会社の社長がテレビの取材で「無理を無理と言わない人がかっこいいと思う。欲しい人材だ」と話していました。ただ、無理をするのでなく「自分の限界を破り、力を伸ばすチャンス」と思うことができれば、プラスの波動があなた自身をさらに高いところへと連れて行ってくれます。

言葉は自分の居場所を決めるのです。どんな言葉を口にするか、あるいは心のなかで唱えるかによって、あなたの居場所つまりあなた自身が決まってしまうのです。

だからこそ、今を限界だと決めないことが大切です。限界が来ていなければ、能力、体力など、がんばれば現状のままでいけるということですから、潜在能力を引き出す必要はありません。限界が来たということは、現段階で使える力を全部使い切ったということですから、次の段階に登ればいいのです。自分の宝の倉庫である無限なる潜在力から力や能力を引き出してくるチャンスなのです。

人間の力を革袋にたとえると、自分の能力や体力的限界というのは、革袋に一杯につめこんだ状態です。しかしそれでもどんどん詰め込んだら、革袋が伸びて2割増し3割増しと入るのです。一旦伸び脹らんで容量の大きくなった革袋というのは、空っぽにしてももうもとのサイズには縮みません。次からは容量が大きくなった分、最初から2割3割増しの量が入るわけです。そしてまた一杯になってさらに、またその2割、3割詰め込んだら、また革袋はさらにグーンと伸びて容量が大きくなるのです。実際の皮でできた袋は限界がありいつかは破れてしまいますが、私たちの潜在力は破れることはなく、無限にどんどん大きくなっていくものなのです。

「ありがとうございます」は、潜在能力をグーンと引き出してくれる言葉でもあるのです。

私は笑顔セラピーを29年以上続けていますが、そのなかで限界を超えていく人たちを何人も見てきました。看護師をしていたある女性もそうです。

手術室付の看護師という仕事は本当に激務です。手術に立ち合うときには8時間くらい立ちっぱなしでいることも多く、極度の緊張状態が続くといいます。その上に日常業務、事務的なルーティンワークもたくさんこなさなければならず、睡眠時間が2時間くらいになる日も多いのだそうです。

笑顔セラピーに来た当初、看護師をする彼女から「仕事を辞めたい」という相談を受けました。それだけハードな仕事を続けてきて、彼女は本当に疲れ果てていたのです。私はじっくりと彼女の話を聴いたうえで、思わず「そんなふうに自己限定しなくても」と言ってしまいました。私は直感的に彼女の潜在力を感じたのです。「今辞めたら、学校にたとえると中途退学ね。小学校を中途退学をしたら、また小学校に行かないと行けなくなるよね。卒業してから辞めたら？ そうすれば今度行くところは中学校で一つ上級になるのよ。「だめだ」と思ったときだけが自分の容量を大きくする成長のチャンスなのよ」とアドバイスしました。

彼女はその言葉に感じるものがあって、もう一度がんばる決心をしました。仕事中でも心のなかで「ありがとうございます」を唱えながら、仕事に取り組みました。

その結果、彼女は相変わらずきつい勤務状態ですが、不思議と全然疲れなくなったといいます。それだけではなく、今までは婦長さんとそりが合わず、いつも厳しく注意をされていたのですが、その婦長さんとの関係が良くなって、今はとても気持ちが楽になり、楽しく働けるようになったとのこと、いまも嬉々として看護師を続けています。

後日、彼女は当時のことを振り返って「やっぱり私は自己限定をしていたと思います」と語ってくれました。彼女ほど厳しい仕事をしていていれば、「もう限界だ」と思うのも当然です。しかし、彼女は自らを信じ自己限定をはずし、大きく成長して能力がグーンとアップしたのです。彼女ほどタフになれば、もうどんな仕事がやってきても大丈夫ですね。

私は、なにがなんでも仕事は続けるべきだと主張しているのではありません。ただ、辛くて仕事を辞めたいという人に対しては「自分が成長できた、苦しい辛い状況を、自分を変えることで、卒業できたと思えたらいつでも辞めればいい」と思うのです。「逃げ」ではなく、「卒業」をしていって欲しいのです。余裕で仕事をこなしている時は、現状維持であって成長のチャンスではありません。もうだめだと言う時こそが、チャンス、せっかくのチャンスは生かさなければ大損してしまいます。

この本を読んでいる人のなかには、仕事を辞めるべきか、続けるべきかで悩んでいる人もいるでしょう。それぞれに事情があるとは思いますが、その判断基準のひとつに「逃げなのか、卒業なのか」というポイントを加えてみてはいかがでしょうか。逃げる癖をつけてしまうと、次のところでちょっと辛いことがあると、また逃げ出したくなるかもしれません。「もうダメだ」と言って仕事を辞めるのではなく、「自分はここまでやれた」という思いを持てれば、堂々と次のステップへと進んでいってください。卒業課題を設定するのも卒業証書を出すのも自分です。

その時大切なことは、辛い気持ちをやる気に変えるために一定のゴールを決めてゲーム化してみることです。そうすれば、課題つまりゴールに向かって少々無理なことでもチャレンジ精神で自分の壁に向き合い乗り越えることができます。

「手術室で楽にやり過ごせるようになったらゴール」「手術という緊張場面でリラックス

状態を保つため、患者さんや先生のため『ありがとうございます』を唱えづけられたらゴール」「あの頑固な婦長さんに腹が立たなくなったらゴール」などとゲーム化します。ゴール設定をしてゴールに到達できたら、自分に卒業証書を出すと決めておくのです。そうすることで、辛い場面から逃げようとする気持ちを楽しみや、やる気に変えることができます。

闇雲に努力努力で辛い気持ちをごまかしつつやっていると、体を壊すのがオチです。そういうと、「辛くて苦しいからもう辞めたい思っているわけで、楽しくなんて無理だよ」と言う声が聴こえてきそうですね。

そういう時、辛くなった時に、笑顔体操でほっぺの筋肉を上げてみてください。そして、いつもよりたくさん「ありがとうございます」と唱えてください。仕事を始める前や休憩時間に心の中で唱えましょう。寝る前など、時間を見つけては熱心に感謝法をやっていただくと、不思議と気持ちが切り替わり、夢中でトライしている自分に気づきます。案外楽にやりぬけるようになるのです。まさに笑顔とありがとうの魔法力が発揮されるのです。

固定観念、自己限定を外せば潜在能力が発揮できる

このように、人生のステージが上がる前には神さまからの昇格のための試験があります。辛いことやトラブルなど、壁が立ちはだかるのです。自己限定をはずして壁を「エイッ」と超えることでどんどん運氣が上がります。

ステージが上がると自分の力がアップするだけでなく、出会いが変わり、環境要素が自分を大きく助け援助してくれるようになってゆくから不思議です。それは、大きく天命天職のほうへシフトしたことを意味しています。

仕事を辞める、辞めないという話ではなくても、自己限定をして自分の可能性をなくしてしまっている例はたくさんあります。あなた自身、あるいはあなたの職場全体を見渡してみてください。「自分は要領が悪いから、この仕事をうまく処理できない」「もっと、時間があればばやれたのに」など、できない理由を見つけ出す名人のようなタイプがいるのではないでしょうか。

どんな場面でも、できない理由を探そうと思えばいくらだって思いつきます。自分には能力がない、経験がない、時間がない、準備が足りない、環境が整っていないなどと際限がありません。もちろんそれは正しい判断かもしれませんが、その判断は現状のステージでの判断に過ぎません。波動が上がり、人生のステージを一つ上がるごとに、運氣は上が

り、助っ人が現れたり、能力やチャンス、職場環境など必要な条件がそろって、仕事を成功させてゆけるのです。

自己限定、固定観念を持って生きることを、笑顔セラピーでは、「ぬるま湯ゾーン」と呼び、それは真なる自分の死を意味します。自分らしくイキイキ生きられなくなるのです。イキイキ生きるということを、快楽的な意味での楽しく仕事をするという意味で捉えている人がいますが、それは少し違います。イキイキ生きるというのは、責任を持って自分で考え、決意し、奥に存在する本当の自分の力、潜在能力を発揮して生きるという意味であり、それはとても楽しく自由で、大きな幸運に恵まれて仕事ができるということなのです。そういう人は輝いていて本当にイキイキしているのです。

実は私も以前は自己限定ばかりするタイプでした。私の自己限定の一つは「低血圧だから朝はダメ」でした。低血圧が事実だとしても、「だから朝はダメ」と口にしたり、心のなかで思うことによって、自分を限定してしまっていたのです。

私の場合は朝起きの問題だけではなく、「7時間以上は寝ないとダメ」とも思っていました。睡眠が不十分だと翌日は辛いと決めてかかっていたのです。

そんな私が「『ありがとう』の本を書いてください」とＰＨＰ研究所様からご依頼をいただいたのですが、その頃はいつも終電で帰宅といった超多忙状態でした。本を書く時間など取れそうもありません。そこで「睡眠時間を減らそう」と決めたのです。

そして、私は大阪の笑顔セラピーねっと事務局から毎日終電で自宅の甲子園の駅に着いてから深夜やっているファミリーレストランへ行き、午前2時、3時までパソコンに向かうという毎日を半年間続けました。気持ちが乗ってくると閉店時間の朝の5時まで執筆を続けました。その上、自宅に帰ってからは93歳の母の寝顔をチェック、元気そうならオムツを変え、留守中にヘルパーさんが書いてくださっている介護日記を読んで返事を書きます。場合によっては、母が粗相をして辺りを汚していることもあり、朝まで掃除をしたこともありました。

「感謝法の本」を世にだし、みなさんに幸せになっていただきたいという思いが強く、出版できることにとても感謝していました。母のお世話も苦痛というより、助けてくださるヘルパーさんへの感謝の方が大きかったので、とても楽にこなせたのです。仕事はいやいやすると何倍も疲れますが、感謝しながらすると本当に楽なのです。これは宇宙次元の法則です。

この様に生活習慣が激変したのですが、その間、特に疲れるとか仕事中眠くて仕方がないとかということは、一切ありませんでした。朝起きる時間が平均すると少し遅くはなりましたが、それでも睡眠時間は、平均4、5時間に減りました。しかもとても良い本が仕上がってベストセラーとなり、そのおかげで受講者数も大きく増えて、笑顔セラピーは大発展したのです（文庫化して販売中『人生を変える言葉、ありがとう』ＰＨＰ文庫）。

この本を読んでくださっている人のなかにも、ただ漫然と「自分にはできない」と思い込んでいる人がいらっしゃると思います。しかし、そんなことを決める必要がどこにあるでしょうか。自分のことは言葉を使って自由に決めればよいのです。言葉通りになるという真理は、あなたの味方です。限界があるとすれば、「瞬間空間移動はなかなか難しい」とか、「一切寝ない、食べないで生きることは無理」などといったレベルの、自分の言葉以前に地球人が総じて信じているので、その相乗効果で決まってしまった法則、集合意識によるものだけです。厳密にいえば、それだって言葉で変えることができます。現に森美智代さんは、13年間1日青汁1杯で元気に暮らし64キログラムという体重を維持しておられます。

それでもなお、「私はがんばっても、本当にできないんです」という人もいらっしゃいます。そんな方に向かって「無理矢理がんばれ」と言うつもりは毛頭ありません。誰にでも無理なことはあります。たとえば私にスピードスケートで金メダルを取れと言われても無理なことですし、チャレンジする勇気もありません。それは縁があるかないかの問題です。しかし、縁があるのに「できない」というのは能力の問題ではないのです。

「できない」というマイナス波動の言葉によって、あなたの居場所が決められているのです。究極の原因は「やる」と決める力がないだけです。ぬるま湯ゾーンを脱出して、その

1歩を踏み出す勇気があるかどうか、それが能力の違いとなって結果を作っているのです。

言葉は自分の居場所を決定します。

だからこそ、「やらせていただいて、ありがとうございます」「成功しました。ありがとうございます」です。まだ成功してなくても、未来を過去形で表すのが言葉の使い方のコツです（宇宙次元には時間がないからです）。「ありがとうございます」というプラス波動の言葉を繰り返し繰り返し使い続けて、自分の可能性をどんどん広げてください。あきらめずに続けることが肝心です。使い続けていくことで、過去に使って心に貯まっている「できない」というマイナス言葉を消し続けることができるのです。

そして、近い将来あなたが選んだ言葉「私はできる」が、あなたの居場所となっているはずです。

この本でお伝えしていることと、ご自身の「私はできない」という信念とどちらを選ばれますか？ それがあなたの未来を決めるのです。

「話を聴くこと」は想像以上に難しい

仕事の悩みのなかで、もっとも多いのが職場の人間関係です。

少々ハードな仕事でも、人間関係がうまくいっていれば楽しく働けるし、反対に仕事内容に不満がなくても、人間関係がこじれると辛くなり、大変に疲れ、ついには退社する人もたくさんいます。どんな仕事をするにしてもコミュニケーション能力は重要です。

あなたは人間関係、つまりコミュニケーションは上手ですか?

この質問に「NO」と答えた人は、自分のことを「口下手だ」と感じているでしょう。話が下手だからコミュニケーションがうまくとれず、良好な人間関係が築けないというのが彼らの信念です。

しかし、それは大きな誤解です。話し方が下手で人間関係が壊れることはありません。もちろん相手を傷つけるようなことを平気で言えば人間関係は決定的につぶれますが、それは心のゆがみが原因であって、話し方の上手下手の問題ではありません。

人間関係がうまくいかない本当の原因は、マイナス思考で自分を認められない、他者を心から認められないことです。マイナス思考とは、個性の違う誰かと比較して私は「あの人みたいに話の中心になれない」と思い込んでいたり、どんな人とでも仲良くなるべきだと無理難題を自分に押しつけているといったことです。

みんながユーモアあふれてペラペラとおしゃべり上手だと、世の中はうるさくて仕方ないでしょう。静かな聴き役も必要で、それぞれの個性です。またすべての人と仲良くなってお付き合いしたら人生時間がいくらあっても足りなくなりますね。自分と深い縁のある人は、ふつうは限られた人数です。

コミュニケーションがうまくいかない人を観察していると、自信がないから自己開示できず、自分の本音を話せなかったり、逆に不安感から焦って自己主張ばかりに終始し、じっくり相手の話を聴き取ろうとすることができないようです。聴きべたなのです。

コミュニケーションにもっとも重要なのは、相手の話をしっかりと心を傾けて聴くことです。決して上手に話すことではありません。次に自己開示して本音を話すことですが、聴き上手だけでも、人間関係は良くなります。

聴くことでまず相手を理解し、共感するのです。理解し共感するということは、そのままの相手を受け止めることで、それを愛といいます。

たとえば、家族の話を10分間、相槌とうなずきだけで聴いてみてください。どんな話題や意見が展開されても、「うん、うん」「へぇ、そうなんだ」「なるほど」という具合に聴き続けます。「それってこうでしょ」「私もそこに行ったよ」などと口をはさまないことです。まして「それはね、こういうことだよ」「それは違うでしょ」などという自己主張しないことが大切です。もちろん口にはださなくても、内心、批判一杯に聞いていたり、自分のほうに話題を引っ張って自慢したりするチャンスをうかがっていたりしては、相手に共感しているとはいえません。

家族以外にも気のおけない親しい人の話を10分間、相槌とうなずきだけでひたすら聴き続けてみましょう。やってみると、人の話を本当の意味で聴くということは、想像以上に難しいということがわかるはずです。笑顔セラピーの講座の中で、たった4分間、ペアを組んだ相手の話を、相槌とうなずきだけで聴き続ける実習の中でさえ、「4分の間に、相槌うなずき以外に、一言でも自分の気持ちや自分の体験、主張をうっかりしゃべった人は？」と挙手してもらうと7割くらいの人の手が上がります。

ぜひ、あなたもやってみてください。4分の間も口にシャッターを下ろして聴き続けることができない人は、自身に向かってひとこと「このおしゃべり！」と言っておきましょう（笑）。そういう人に限って「私は口べた」などとシャーシャーと言っていたりするのです。

しかし、これは笑いごとではない、良い人間関係を築く上でたいへん大きなマイナスなのです。

相手の話を聴いていると、つい自分の意見や体験を話したくなります。自分と意見が異なっていれば「私はこう思う」と主張したくなるでしょうし、相手と同じ体験があれば「私も行ったわ。〇〇だよね」などと自分の体験談を語りたくなるものです。

たとえ表面では聴いているふりをしていても、心の中では自分の意見や体験に意識を向けているということのほうが圧倒的に多いのです。すると、気のおけない親しい相手に対しては、目をそらしていたり、全くうなずかなかったり、そっけなく聴きながらしたりしてしまいます。相手の話をキッカケにして、そのことについて湧き上がってくる自分の気持ちや思いに集中している状態なのです。

良い聴き手は、内なる自分の思いをすべていったん横に置いて、心の中を空っぽにして、一生懸命相手の話に気持ちを向けて聴きます。相手の目を見て、真剣に耳を傾け、共感するのです。共感的に理解することを目的にして心を傾けて聴き続けるのです。

もちろん、無理をしてまで相手の話に賛成するのではありません。相手がAさんに怒っていても自分は許せるといった場合、自分の許せる気持ちは横に置いて、相手はなぜ怒っているのか、どんな怒りを感じているのかを理解し耳を澄ましてできるだけじっくり味わい続けるのです。少しでも相手の気持ちと自分の理解とのギャップを埋めるためです。相手に乗り移らない限り、人は相手と完全に同じ気持ちを味わうことは絶対にできないのですから。これを共感的理解といい、相手を受け入れるということです。

たとえ共感までは無理でも、最低正しく理解が出来なければ、コミュニケーションは成立していないのです。それを、相手の話をちょっと聴いただけで、勝手な想像をして決めつけ「わかるよ」などと軽薄に言うべきではありません。「まだ相手のことを十分にわかっていない」ということがわかっているからこそ、少しでも深く理解し相手の気持ちに近づこうと努力をすることが人間理解、心の広さであり、愛なのです。愛がないところに良い人間はありえません。

相手が気持ちよく話せるようになる聴き方の技術

話を聴くテクニックについて説明を加えると、相槌、うなずきのほかにも、オウム返し、リピート（繰り返し）、明確化などがあります。

取引先の人が「最近手が足りなくて、走り回ってますよ」といったら、「ああ、そうですか。さすが繁盛してますね」などと返すことがあると思います。日常的に起こる、ごく一般的なシーンです。

この返答の仕方が特別悪いというわけではありませんが、徹底的に相手の話を聴くというスタンスを取るならば、ここはリピートやオウム返しをしてみましょう。

「最近、手が足りなくて走り回っていますよ」

①「走り回っているんですね」（オウム返し）

②「ああ、大忙しなんですね」（リピート）

①のように相手の言葉の一部を変えないでそのまま返すことをオウム返しといい、②の

ように同じ意味だが自分なりに言い換えた言葉で応答することをリピート（または繰り返し）といいます。「要するに○○ということですね」という返し方です。または相手の長い話の内容を短くまとめて「これこれこういうことでしょうか」という言い方もリピートです。

たとえば、辛そうに困った表情で「親父は『田舎に帰ってきて早く跡を継げ』と矢のように催促するし、都会育ちの妻は『虫や蛇のいるような田舎で私は暮らせない、いやだ！』というのですよ」という話を聴いて「あちら立てればこちらが立たず、こちら立てればあちらが立たずで板ばさみなんですね」というように言い換えたらどうでしょうか。自分の立場をよく理解し、自分でも意識化できなかった気持ちである「自分の味わっているのは、板挟みの辛さなんだな」と改めて気づくことが出来るかもしれません。これが上手なリピートです。

さらに便利なのがオウム返しで、簡単なのに効果は絶大です。やってみればすぐその効果と便利さに気づきます。相槌代わりにも使えて、話が弾むこと請け合いです。

何気ないことですが、オウム返しをしていると、先の①「走り回っているんですね」の場合「そうなんですよ。実は今月イベントがありまして、その担当になって……」または「そう、辞めた人の担当先が私に回ってきましてね。今までの倍の客先を訪問しているんで……」などと、必ず相手はオウム返しされた箇所をさらに詳しく話し始めます。

場合によっては、その箇所に関する心の奥にしまい込んであった気持ちまで話をしてくるかもしれません。たとえば「こう忙しくては、細やかにお客様のニーズに答えられなくて、ほんとうに申し訳ない……」「すっきりしないんですよ。こんな調子だとなんか充実感がなくて……」等といった具合です。

これがオウム返しの大きな効用です。不思議なほど相手の心に寄り添えて、話が弾み、聴いてもらえて理解されたと感じ安心します。またどんどん突っ込んだ本音の内容になることも多々あるのです。オウム返しされると、聴いてもらえ理解されたという実感があるのです。

また、相手を受け入れたくない時には、いくらオウム返しを試みようと努力しても、不思議とオウム返しをすることに抵抗を感じるはずです。

いつも夜更かしが過ぎて朝起きられずに遅刻を繰り返す息子が朝一番「ああ眠い！」と言ったとしましょう。あなたは、「眠いんだね」とオウム返しができるでしょうか？ いいえ、きっとやりたくないでしょう。「遅くまで起きてるからだよ！」とか「さっさと宿題すませて、寝ないからよ」などとお説教や厳しい追求調の声がでてしまうのではないでしょうか？ しかし、このような時もオウム返しをすると、親子の会話も気持ちの良いものになります。

息子「あー、眠い」
親「眠いんだ」
息子「そう、夕べ2時だよ、寝たの」
親「2時？」
息子「4時間しか寝てないんだ」
親「4時間か！」
息子「うん、4時間はまずいよ。これからもうちょっと早く寝よう」

このように、自分で考える機会を与えることにもなるのです。職場でも上司や仲間が聴き上手だと、自分を振り返って客観視でき、気持ちの整理ができて今後の見通しが立てやすくなったりする効果があります。だから指導的立場の人が聴き方のトレーニングをするケースが多いのです。

相手が気持ちよく、どんどん話しているというのは、あなたの聴き方が上手な証拠でもあります。ただし、相手があなたという存在を実のところは無視していて、自分の言いたいことを独りよがりで話しているだけという場合もあります。この場合は、本当のコミュニケーションが成立していません。こういう時でも、しっかりとパワーを出して意識して相手の話を聴くとさらに聴き上手になり、よいコミュニケーションが復活します。

もちろん、これ以上聴く価値のない話の場合は、タイミングを見て別の話題を持ちかけるか「時間がないのでまたね」とその場を立ち去ればよいのです。

相手に無視されているのは、相手との関係に自信がなくて、相手としっかり向きあう意識が希薄になっているのが原因です。しっかり向き合っていれば、立ち去るなり、適当なところで話を変えることもできるのです。

さらに、聴き上手になるには、明確化という技法があります。言葉上の意味を理解すると同時に、話の裏側にくっついてくる相手の心の内なる気持ちを受け取り、表現するのです。

たとえば、朝営業に出ようとしたとき、いつになく上司が真剣な顔で「帰りは遅くなるのか?」と聞いてきた時、言葉上の意味合いだけを取って受け答えをして「遅くなります」「今日は早い予定です」では、心のアンテナが鈍っています。

明確化で上司の言葉の裏にくっついている真意を読み取って、「何かあるのでしょうか?」とか、全社上げて取り組んでいる大きな企画で上司が頭を悩ましている最中なら「私でできることがありますか?」と聴くと「そう。○○社へのプレゼンの件、資料を君に作ってもらいたいので、その骨子を今日中に煮詰めておきたいんだ」「わかりました。3時には帰れると思いますので、それからミーティングお願いします」と会話が展開してゆきます。

一生懸命、耳ではなく心を傾けて相手の話を聴き、十分に相手の立場になり、相手を理解し、心情を共感する……。これらの意識を持って相手に応対していれば、他によほど致命的な原因さえないかぎり、必ず人間関係はよくなります。今まで、疎遠になっていた人とも、一週間もすれば会話の内容が違ってきて、親近感が出て心が通じ始めます。そして最終的には強い信頼関係が出来上がるのです。信頼関係は相手の話をよく聴くことから始まるのです。

お互いにしっかりコミュニケーション出来ていないのに、波風立たずに関係が続いているというのは本当の心と心の結びつきではなく、別の要素でどちらかがどちらかに依存をしている関係性か、どちらかの忍耐の上に成り立った関係であり、そういう関係は良いように見えて何かがあると一挙に崩れてしまいます。

逆に、自分を理解しようという姿勢で接してくれる上司や先輩がいれば、たとえ会社方針などに抵抗があるとか、実務で大変なことがあるといった場合でも、やる気を出してついてゆけるのではないでしょうか？

これはどんな人間関係においても同様です。特に、親や管理職の方は子供や部下の話を聴くことが、何より大切です。

上司になると、自分から話をする機会が増えます。仕事を部下に説明したり、やり方を教えるなど、話のベクトルが「上司→部下」になるのです。そうすると自分の主義や主張を長々と話す人が多いのです。それを部下の立場では内心「話長いな。うっとおしいよ」とか「私はそう思わない」などと思っていても、気軽にノーとは言えない立場ですから、聴いているふりに徹するより仕方ありません。これでは空回りの独り舞台です。だから、折に触れ部下や後輩、下位の人の話を聴いて聴いて聴く努力が大切なのです。

経営の神様、部下をやる気にさせることにかけては右に出る人はいなかったといわれる松下幸之助さんは、部下に意見を求め、あの大きな耳で懸命に部下の意見を聴く人だったことで有名です。そして、その部下の話をいつも高く評価していたといいます。だからといって部下の心情や意見を、いつも取り入れるわけではありません。「君の意見なあ。一晩考えてみたけど○○の理由で今回はやめとくわ」などとおっしゃったそうです。でも社長が自分の話を一生懸命聴いて理解し評価してくれたことが、部下のやる気に火をつけ油を注ぐのです。

上司が部下の話をじっくり聴くという意識はつい薄れやすいものです。部下の話は価値ある内容ばかりではないでしょうが、いつも部下がどんな思いを抱いて過ごしているのかを知ることが、部下への思いやりであり、上司としての能力の基本です。

そして、これは何も上司と部下の関係だけではなく、仕事の仲間すべて、また親子など人間関係のすべてに言えることであり、人の話を心を込めて聴くことは受容であり愛なのです。

話を聞いてもらうことの効果はいろいろあります。

①イライラや不安がぐんと減って気持ちが楽になる。

②生きる、頑張る勇気がわいてくる。

③気づきが起きる。

④迷っていたことなど、気持ちの整理がつく。

など、多くの効用があるのです。

部下から報告を受けているときでも、途中で遮って自分の意見を挟んだり、ひどい上司になると部下が話している途中で説教を始める人もいます。これでは、部下も（親子関係なら子どもも）本音を話さなくなってしまいます。

相手に伝えるべきことがあるとしても、まずはじっくりと話を聴きましょう。その後で自分の伝えたいことを話すと、相手も自分の言いたいことを全部話せた後なのですっきりとしていて、次に相手の話を受け入れて聴く準備が出来ているのでよく聴くことができ、相互理解が進むのです。

部下の悩みや会社側への批判を聴いたことによって部下の気持ちが理解できると、上司として自分がそれを解決してやらねばというプレシャーを持つ人がいますが、それは不要です。もちろん何とか出来る職場の問題は解決努力をすることが大切ですし、それ以前に誠意をもって関わることは、人間関係の基本中の基本です。しかし、たとえ部下の批判が正論であっても、自分の立場でいかんともしがたいことも職場には多々ありますね。また、すぐに着手できないこともあるでしょう。

しかし、ここで一番大切なのは、不満や問題の解決ではありません。部下は自分の感じている問題や悩みを上司がよく理解していてくれることで、安心できストレスが半減します。逆に理解されていないと感じることは大きなストレスになり、信頼関係に亀裂を生じ、結局やる気をなくしてゆくのです。

突き詰めると自分の思いが軽視されているか、認められているかなのです。聴くという行為は「あなたのことを認めています」と伝えることなのです。

「○○の件がどうしてもうまくいきませんが、どうしたらいいのでしょうか」という部下に対して、「そんな簡単なこともできないのか」と叱責したり、「こうすればすぐにできるじゃないか」とアドバイスをする前に、まず部下の言葉を受け止め、うなずきや相槌でよく聴き「そうか、○○の件がうまくいかないのか」とオウム返しし「困ったね」（上司が一緒に困っているということではなく「あなたは困っているんだね」という意味）と明確化してください。それだけでも、部下は「自分のことを受け止めてくれている」と感じます。そのあと、意見や指導や、場合によっては注意が向けられると、すんなりとコミュニケーションが取れるものです。またオウム返しや明確化が返ってくると、答えを教えなくても、自分でその壁を打破しようという意欲さえ湧き上がる、そんな力をも持っているのがこの手法です。もちろん心の奥に部下に対する信頼があることが大切です。

そうやって、人間関係、信頼関係が築かれていくのです。

相手に気づきとエネルギーを与える聴き方がある

相手が落ち込んでいるとき、あなたはどのようにアプローチするでしょうか。

落ち込んでいる人がいたら、元気になって欲しいと思うのは素敵なことです。あなたは優しい心の持ち主で、ギブの精神を持っていらっしゃるのでしょう。しかし実は、こういう時のアプローチの仕方によって、相手をより追い詰めているケースがよくあります。「相手を元気にさせようという意識は相手にとって負担になることもある」ということ知っておかなければならないのです。

落ち込んでいる人には落ち込むだけの理由があります。もっと言えば、落ち込む必要があるから落ち込んでいるのです。自分の間違いに気づく為の時間、つまり価値観や意識の転換、心の整理や生きる勇気を喚起するなど、とても重要な時を過ごしているのです。他人にその大切な落ち込みの時間を阻害する権利はありません。それは、家族だろうと友人だろうと、上司や部下、同僚でも同じことです。

落ち込んでいる人がいたら、見守ってあげることがもっとも大切です。もし、「元気を出して」と言われたら、せっかくの励ましを無視しては悪いと気を遣い、相手は無理にでも明るく振る舞おうとするかもしれません。それでなくても大変な時に、さらに励ましてくれる相手の気持ちに沿う努力には、とても辛いものがあります。

「私に何かできることはある?」という程度に声をかけ、相手が望めば一生懸命話を聴いてあげることが一番です。もちろん、誰かと話しているなかで、気持ちが晴れたり、気づきがあって事態が良くなるかもしれません。しかし、それらの場合も何かを話してあげたから(何かをしてあげたから)というのではなく、「じっくりと話を聴いてあげたから」ではないでしょうか? 場合によっては、話をしなくても、気持ちに寄り添って共にいてくれるだけで癒されるということもあるのです。

説教したり、意見を言うことも時には必要でしょう。しかし人間は基本的に相手の言いなりになりたくない生き物です。自分で考え自分で決めて、自分の自由に発想し行動したいのです。自由がないところには本物の幸せはないことに、暗に気づいているからです。だから、教えるのではなく聴いてあげることによって、相手が気づきを起こすことが大切です。自分で気づいたことだから、やる気をもって実行に移せるのです。

そして、それが自立し成長するということです。全く未経験の仕事は教えられてやるしかありません。しかし自分で自由に考えて実行できる、万一失敗してもそのリスクを引き受けられることが、一人前に成長することです。だから自由を阻害されず自分で気づけるチャンスの提供者であるよく聴いてくれる人には感謝が出来、信頼できるのです。

また、相手が気づき成長できることを信頼して待つこと、そして相手の中にある力を引き出すことが本当の教育です。教育と称して考え方やパワーを注ぎ込もうとするのは、教育者側の不安がもとにある自己満足にすぎません。

なんでも手伝って欲しい、教えて欲しいと願っている相手は成長欲求が希薄な人、依存的で波動の低い人です。もしあなたの周りにそんな人が多かったら、波動同調の原理であなた自身が心の奥に大きな不安やプライドが傷つくことへの恐れを持っているか、又、決め付けるタイプなのかもしれません。

実は、相手の話を聴くというのは、相手の持つエネルギーを引き出すことなのです。一見、話している方がエネルギーを発しているようですが、エネルギーを与え、相手を元気にしているのは聴いている方です。だから、聴き手は逆に疲れることが多いのです。

もちろん聴いている自分自身が、自分を信頼していることが大前提です。もし、自分への信頼感が足りないと感じた時は、感謝行を実践すればよいのです。感謝行プラス聴き上手で、人間関係は格段に良くなります。

感謝行を実践すれば、聴くことによる疲れも解消します。特に、相手の話が大変なマイナスの話の場合、そのマイナスを受けてしまうと自分の潜在意識にマイナス言葉を受け入れることとなるので、自分の運氣まで落としかねません。だから、そういう話を聴くときは特に、感謝行をしっかりと実践してマイナスを消しましょう。

話が下手で、コミュニケーションが苦手だと思っている人は、その考えをぜひ今ここで改めてください。なにも、自分から気の利いた話をしなければいい関係が築けない、人気者になれないのではありません。

相槌、うなずき、オウム返し、リピート、明確化などを使って、相手の目を見て、笑顔で（悲しい話のときには悲しい顔で）話を聴けばいいのです。大きな忍耐力のいることですが、いつも意識していれば必ずできるようになります。そして、その忍耐は人を受け入れる心の器を大きく広げ、愛のある人になる大切なトレーニングになるのです。

人を愛するとは、その人を受け入れることです。意見が違っても、たとえ間違っていても、相手を理解し受け入れる心を持つこと、それが愛です。自分と合う相手を受け入れる、自分に都合がいい相手を受け入れる、プラス思考の人だから受け入れる、それなら簡単にできます。しかし受け入れがたい人を理解することが愛の修行なのです。心の器を大きくし、どんな人やどんな考えも大きく受け入れることはすばらしいことですね。

みんなが受け入れあえば、意見の違いもすぐに調整できるのではないでしょうか。逆に自分の意見を主張しあい自分が優位に立ち、周りの人に認めさせたいと願えば、あっという間に修羅場になり、みんな辛くなって信頼関係はなくなります。

では、あなたの職場を素敵な愛の広場にする仕掛け人に任命された人は誰でしょう。それはあなたです。本当にそうなのです。人は自分の住む場を愛のエネルギーで満たすという修行のために生まれてきたようです。上司だろうが、部下だろうが、新人だろうが、愛を降り注ぐ仕事に上下はありません。気づいた人が発信すれば、その波動はアッという間に職場を変えてゆきます。その発信人はどんどん徳積みが出来て、運氣が上がってゆくというご褒美があります。そして愛を受け止めて、次に愛を発信することになった人も、運氣があがります。

愛は、池に石を投げた時に周りにひろがる波のように、どんどんその輪をひろげてゆきます。マイナス感情も同様です。どんな石を投げるかを決めることができるのは自分だけです。いつも自分の暮らす環境の中心にいるのは自分だけ、他の誰一人も、その位置に置き換わることはできません。その役割を果たすために、私たち人間だけが言葉を使い、笑顔を作り、呼吸を変えるという特別な能力を与えられているのです。つまり自由に環境を変える力を持たされたのです。その力を使わないということは、動物以下となって周りに引きずられ、自由も自立もできず生きていることになってしまいます。

コミュニケーションの3要素の中で一番影響するのはどれ?

アルバート・メラビアンの法則という有名な人間関係の法則があります。人間関係は、三つの要素で決まるというものです。

①話の内容(何を伝えようとしているのか。黒と言いたいのか白と言いたいのか、など)

②話し方(標準語か方言か。敬語を使っているかどうか。抑揚や声の大小。話の組み立て方。専門用語や学術用語を使っての話かどうか。比喩やたとえ話を持ってきて分かりやすい話し方か、など)

③ボディーランゲージ(動作、表情。広く捉えれば服装、髪型など身だしなみも入る。目で見た感じ)

3つのうち、どれがコミュニケーション、つまり人間関係に一番大きく影響するでしょうか。当然、話の内容がコミュニケーションや人間関係を左右するはず、と思われたのではないでしょうか? 何を伝えたいのかで、コミュニケーションがずいぶん大きな差ができると。しかし、事実は③のボディーランゲージが一番大きく影響し55%です。次に話し方が37%で、内容はたったの7%しか影響しないというのです。

②の同じことを言うにも、どんな口調でどんな表現方法をとるのかによって差がでるのはうなずけます。しかし意外にも、人間は見た感じで相手のことを無意識に判断している

のです。

ちょっと想像してみてください。しかめっ面で「どうしたの？」と言われた時と、微笑みながら「どうしたの？」と言われた時、印象はどうでしょう？　しかめっ面でなら、「なんだか怒られているみたい」と思い、微笑みながらなら「心配してくださっているのかな？　こちらの様子を気にかけてくださっているのだな」などと思うのではないでしょうか。

「目で見た感じ」の中で、第一印象などは髪型や服装にも左右されますが、じっくりコミュニケーションを続けていると、結局は表情によって感じ方が左右されますね。当然、一番良い印象を与える表情は笑顔なのです。

コミュニケーションギャップを埋める方法

仕事をしていれば、相性の合わない上司とのコミュニケーションで悩むということがよくありますね。

ちょっとした間違いをいつまでもチクチク言ってくるし、いつもイライラしている上司だと、大嫌いでストレスいっぱいになるでしょう。逆にいつも優しく接してくれて気分の浮き沈みがない上司だとしたら、大好きになりとてもありがたいでしょう。

相手のことを好きだ嫌いだと判断するのは世の常ですが、その前に人間心理をよく理解しておく必要があります。つまり、人と人とがつき合っている限り、コミュニケーションギャップが存在しているということを忘れないでください。

コミュニケーションギャップとは、真意が伝わらず誤解で成り立ってしまっている人間関係のことです。

上司が何かを発信して、部下がそれを受け取る、この単純なやり取りのなかでも発信側と受信側には必ずギャップがあります。今、あなたが嫌な上司だと思っている人とも、当然コミュニケーションギャップが存在しています。その上司が意図していることを、あなたがきちんと受け取っていないという状態です。その上司のこと（あるいはその上司が考えていること）を理解していないにもかかわらずに黒白をつけて評価している可能性があるのです。

例を挙げて考えてみましょう。

ここに2人の上司がいるとします。あなたはまだ仕事を始めたばかりで、上司はあなたに仕事を教えなければなりません。

主任のA子さんのパターンはこうです。

あなたがちょっとミスをするとA子先輩はとても厳しく注意します。

「あなた、また間違っているじゃない。私たちは数字の仕事をしているんだから、数字を間違ったら致命的なのよ！」

そう言われて、あなたがうつむいていると、

「わかってる？　返事は？　わかったらちゃんと返事くらいしなさい。職場っていうのは返事が大事なのよ。だいたいね、私はあなたがやった仕事をもう一回全部チェックしているのよ。そうでないと間違ったまま課長に出すことになっちゃうでしょ。うちの課長はねちっこいのよ。最初にあなたのことをダメだと思ったら、ずっとねちっこく言われるわよ」

時刻は18時30分を回り、A子先輩の携帯電話に恋人からの着信がありました。でもA子先輩は彼からのデートの誘いを断って仕事を続けることにしたのです。

「あなたはもう帰っていいわよ！　そんな赤い目をして、疲れているんでしょ。そんなんじゃまたミスするから、さっさと帰って休養をとってくるのよ。計算書貸して、私がチェックしておくわ」

これがA子さんのパターンです。

続いては主任B子さんです。

あなたがミスをしたときにも、B子先輩は優しく声をかけてくれます。

「まあ、最初は誰でもミスをするから、ゆっくりやってくれればいいわよ。私も最初はけっこう失敗したしね。それじゃ、もう一度全部チェックしてから課長のデスクに出して

おいてね。それじゃ、私は約束があるから先に帰るね。無理しないでね。お疲れさま」というのがB子先輩です。

あなたは、どちらの主任の部下でいたいと思いますか？

実際にこの2人の上司に出会った場合、圧倒的に嫌われるのはA子さんです。口うるさく、きつい目つきや言い方で部下に敬遠されます。

しかし、A子先輩にはすばらしい点がたくさんあります。部下の仕事を自分ですべてチェックして、課長の性格まで教え、将来的に部下が課長にねちねちと言われて嫌な思いをしないように配慮してくれています。また、部下の顔色をよく見ていて疲れがたまっていることに気づいていて配慮し、自分のデートをキャンセルしてまで部下の仕事をチェックし、部下を先に帰しています。たしかに、口調はきついし言い方にも問題はありますが、A子さんは上司として部下のことをかなり考えてくれ、また自身の指導責任を果たそうとしているのです。

一方のB子さんは、優しい口調で部下の気持ちを和らげてくれます。その後に仕事がやりにくくならないように、話し方に気をつけてくれているのかもしれません。しかし、自分のデートを優先して部下に仕事を任せっきりです。その結果、部下が課長からどんな評価を受けるかなど、全く配慮はありません。部下の力不足で課全体の仕事に影響が出ても、私には無関係と言った態度で、無責任な上司のようです。

冷静に考えれば、A子さんが部下を思いやっていることは理解できます。しかし、実際の現場では、厳しいものの言い方や顔つきなどによって、相手の真意をくみ取ることは難しくなります。つまり、アルバート・メラビアンの法則通り、55％の見た感じ、つまり表情や37％の口調が優しいという表面的に印象の良いB子さんが、良い上司と思われてしまうのです。このケースで内容にあたるのは、どれだけ相手の立場や、相手の今後の職業ライフを良い方向になるよう指導する、情報を流す、仕事への責任を持つなどということです。これだけすばらしい配慮をしていても、アルバート・メラビアンの法則によると7％しか伝わっていないということなのです。

これは非常に残念なコミュニケーションギャップです。部下に理解されないA子先輩も不幸ですが、A子先輩の本当の姿、思いやりを感じ取れずに、ただ単に苦手な上司として片づけてしまう部下も不幸です。

この例のように、アルバート・メラビアンの法則のとおりに受信者側は理性的判断の内容よりも、感情的判断の対象となる言い方や表情や姿勢や態度によって、ＯＫと受け取るかＮＯＴ ＯＫと受け取るかが決まるのです。

しかし発信者側はどうでしょうか？ そう、発信する人は、自分は内容をきちんと伝えているし、内容が伝わっているはずだと思い込んでいる人がほとんどです。「私はちゃんと言っているのに、あの人が言うことを聴かないのよ」また、親が子に向けて「だから、お母さん言ったでしょ！　言うことを聴かないからこういうことになるのよ」などと言っている場面がよくあります。これは発信者が「コミュニケーションは内容で伝わる」と、思っているからです。

そして、この発信者側と受信者側のコミュニケーションギャップが、人間関係のもつれを生み出す元になるのです。人に何か伝える時、いつも自分がどんな表情で相手に向き合っているか、どんな言い方で伝えたのかを意識しなければ、人間関係はもつれてしまいます。トラブルにおける表面上の原因はいろいろなのですが、根っこにある本当の原因は話し方や表情であり、話し方や表情を通して相手に伝わっていく波動そのものが人間関係を左右しているのです。ここでも人生は正しいかどうかで決まるのではない、波動で決まるのだということがよくわかります。

ボディーランゲージの中でも表情が一番その人の気持ちを伝えるし、中でも笑顔が相手に最高の波動を伝え、良い感じを与えることは言うまでもありません。心から自然に出る笑顔は最高に波動が高いのですが、頬をギュッとあげて意図的に作った笑顔であっても、その瞬間に波動が一気に上がることが波動測定器を使っての実験でも確認できています。逆にしかめっ面をして波動測定をしたら、なんと波動は下がってしまうのです。

笑顔は「そのままのあなたを受け入れています。あなたが好きです」と伝えます。そして、作り笑顔は「あなたを好きになりたい。あなたを受け入れる心を準備中です」と伝えるのです。人間なら誰もが一番欲しいメッセージが伝わるのです。

たしかに、A子さんのような先輩の下で働くのは、とても辛いでしょう。

でも大丈夫、ここでも感謝法が自分も相手も同時に変えてくれます。最初は「クソッ、ありがとうございます」というノリで構いません。「ありがとうございます」の言葉が、心の奥にある感謝の真心を引っぱり出してくれるのです。先輩の顔を見るのも嫌だったら、後ろ姿に向かって「ありがとうございます」を送るだけでもOKです。とにかく、「嫌だな」「辛いな」とマイナス波動の言葉を思い浮かべる代わりに、「ありがとうございます」を唱えてください。

直属の上司ともなれば、顔を合わせる機会は多いはずです。そのたびに嫌な思いをしていたら、マイナス波動が共鳴してどんどん辛く苦しい職場になり、体調を悪くしたり、ひいては運氣まで落としてしまいます。こういう時こそ、ちょっと勇気を奮い起こすことが必要になりますが「ありがとうございます」を唱え、プラスの波動へ転換してください。

プラスに転換すると、不思議ですが次のステップでマイナスの感情が跡形もなく消えたり、感謝の気持ちが自然にわいてきます。あるいは、相手との縁が切れます。自分または上司が配置転換などで離れてしまうのです。

ただし、間違っても相手の配置転換を念じたりしないよう気をつけましょう。相手のマイナスを望むと自分自身にマイナスが起きてしまいます。感謝行の実践の結果はお任せすることが大切です。

感謝行で起きてきたことは、たとえ表面的にはマイナスに見えたとしても、中身は絶対にプラスなのです。感謝行をやり続けていれば、プラスであったことがわかる時がやがておとずれます。たとえば病気になったとしても、その病気があったからこそ謙虚さがうまれ、大きく価値観が変わった結果、人間関係もすべて感じ方が変わって、本当の安らぎと幸せを感じる人生になるのです。

また本当に不思議なことですが、自分の気持ちが変わるより先に、相手の言い方や表情、行動がとても優しくなるというケースのほうが多く、たくさんの事例が報告されています。「ありがとう」のプラス波動が相手に届き、相手の心を変えていくようです。優しくなった相手に対して、自分のほうでも心からの感謝ができるようになる、こういう順で変化が起きることが多々あるのです。

感謝法をすれば、コミュニケーションギャップを埋め、感謝行をすれば喜びと感謝に満ちた自分と職場や家庭になります。

自分ひとりが「ありがとう」を唱えたくらいで職場が変わるわけがないと思われるかもしれません。しかし、ぜひ固定観念をはずして唱えてみてください。感謝法、感謝行で起きることは、この世の法則では計り知れないことなのです。この世の法則にとらわれて「変わるわけがない」と思いつつ唱えていたら、その言葉通り何も変わりません。何度も同じことをお伝えしていますが、素直になって、ただひたすらできるだけ回数多く唱えてください。しつこいようですが、同じことを言うしか手がないのです。理屈理論をはるかに超えた世界のことなのですから。素直になってやった人にしかわからないことだから、ぜひやってみてください。

職場というのは笑顔や「ありがとう」を実践し、社会を調和する主役になるためのトレーニングの場なのです。みんな自分の人生の主役であり、自分の人生は自分が身を置く環境がステージです。自分のステージは自分で整えるのが宇宙の法則です。たとえあなたが新入社員でも、やはりあなたは主役なのです。主役の自覚を持つことが自立です。自立した人だけが、本当の幸せを感じられるのです。

嫌いな相手の良いところを100個見つけるワークで人生が変わる

職場の人間関係で悩んでいる人は、苦手な人や嫌いな人が必ず職場にいますね。「どうしてこんな仕事のやり方をするのかわからない」「あんな言い方をしなくてもいいのに」

「何回言ってもわかってくれないんだから」「もう、いい加減にしてほしい」などと、否定的な言葉が心の中に渦巻いています。

しかし、それらの否定的な言葉が相手に届く前に、あなた自身を不幸にしているということに、一刻も早く気づいてください。自分の発するマイナス波動によって、自分自身が知らないうちに地獄沼へ落ち込む道を辿っているのです。

一緒に仕事をしている相手や、家族、友人等が大嫌いという相談を受けたとき、私は「相手の良いところ・感謝できるところを100個見つけてみましょう」とアドバイスします。

どんなに時間がかかってもいいので、相手の良いところを100個書き出していくのです。この場合、必ず100個という目標を守ることが大切です。できる限りたくさんというのであれば、結局は今現在、自分が気づいている良いところだけしか書けません。これでは、「良いところもあったなあ」と思い出す程度で、相手への見方は変わりません。場合によっては、やはり悪いところのほうに意識がいってしまうでしょう。または、良い点などほとんど見つからない、いいえ、本当は見つける気にならないのかもしれません。

100個見つけると決めた瞬間、潜在意識はこの目標に向かって動き始めます。探している間、相手に関するマイナス用語がどんどん減ってプラスの言葉が増えてゆきます。また100個書くとなると、今まで気づかなかった点にも気づかなければ書けません。すると、小さな感動が心に芽生えるかもしれません。どんな人でも、見る角度さえ変えれば、すばらしい長所や感謝すべき点があることに気づきます。真剣にトライすれば、これはまさに人生観の転換にも結びつくのです。

明るい、仕事が速い、友だちが多い、素直、時間を守る、計算が速い、良く勉強している、責任感がある、見通しを立てられる、おしゃれ上手、まじめ、実直、お掃除がうまい、几帳面など、いくつかの要素ならすぐにでも挙げられます。

しかし、100個となると、そう簡単にはいきません。それも相手はあなたの大嫌いな人です。ただでさえ認めたくないのに、徹底的に良いところを探さなければならないのです。たいてい人は相手のことを、1つか2つ、よくて5、6通りの側面からしか見ていません。特に嫌いな人の場合は、極端に狭い角度で評価を下しているものです。まずはその偏見を捨てなければなりません。相手のことを正面から、裏から、上から、下から、中からと、あらゆる角度から見て、良いところを探してみましょう。そして感謝すべき点も加えましょう。

100個を達成するまでに、1週間とか、1か月かかった人もいらっしゃいます。とにかく100になるまでやるという覚悟が必要です。必要なものは紙と鉛筆だけ、それで職場での幸福度、充実度が変わり、良いところ見つけの名人になる、つまりプラス思考になってゆきます。真剣に本気になってやれば、偉大な効果があります。どうですか? や

良いところ見つけ

さんの良いところ感謝できるところ100個

1.
2.
3.
4.
5.
6.
7.
8.
9.
10.
11.
12.
13.
14.
15.
16.
17.
18.
19.
20.
21.
22.
23.
24.
25.
26.
27.
28.
29.
30.
31.
32.
33.
34.
35.
36.
37.
38.
39.
40.
41.
42.
43.
44.
45.
46.
47.
48.
49.
50.
51.
52.
53.
54.
55.
56.
57.
58.
59.
60.
61.
62.
63.
64.
65.
66.
67.
68.
69.
70.
71.
72.
73.
74.
75.
76.
77.
78.
79.
80.
81.
82.
83.
84.
85.
86.
87.
88.
89.
90.
91.
92.
93.
94.
95.
96.
97.
98.
99.
100.

※拡大コピーしてお使いください

ってみる価値はあるのではないでしょうか。やるか、ただこの本を読んだだけで終わりにするのか、決めるのはあなた自身です。それで人生が変わるかもしれないのです。

大きな長所や能力はもちろん書きますが、どんなに些細なことでも、相手の価値や相手との関係性に、少しでもプラスになることなら書いてください。

笑顔セラピストのM子さんは、思い立ってひと月の間に上司や職場の仲間の全員と笑顔セラピストの仲間など、30人の良いところを100個見つけようと決めました。家族以外の人の良いところを100個見つける作業は初めてのことでした。

書き始めて3人目くらいで、ある人の良いところは、同時に書き進めている別の人の良いところにも当てはまることに気づきました。そしてそれ以前に、自分の中にある良いところでないと、相手の中に見つけられないということに気づいたのです。

こうして「良いところ」つまり自分と人へのプラス表現の語彙がどんどん増えて、100個見つけるスピードがどんどん速まってゆきました。まず相手をイメージして、良いところを見つけたら書き、繰り返しイメージし書いていくのです。始めて4~5人目くらいで、良いところを見つけようとノートを開いただけで、とても温かい、何とも言えない良い気持ちになるという現象が起きました。それはとてもはっきりとした感覚で、きっと一気にアルファー波になっていたのでしょう。それ以来、良いところを見つけることに集中すると、アルファー波の感覚が味わえる様になり、体がリラックスできるようになりました。

苦手な相手のときには、さすがに書けるかなと心配になりましたが、良いところが次々に沸いてきて「あの人にはこんなにたくさんの良いところがあるのに、自分はたった一つのマイナスを掴んで、他の長所は無視していたんだなあ」と気づくことができました。

人間関係以外にも、日常当たり前になっていて見過ごしていた小さなことが嬉しく、感謝の気持ちが自然に湧きあがってきました。たとえば街路樹に小さな赤い実がなっているとか、空を見ていたら渡り鳥が一羽飛んでいるのを発見した時など、なんだか嬉しく、またそんなことに喜びを感じる自分を抱きしめたくなるほど愛おしく感じれるようになりました。それまでは、自分をあまり好きになれなかったのに。

他人の良いところをたくさん見つけて書いていくことで、最終的には「自分が自分である」という当たり前のことに感謝ができるようになり、心の底からプラス思考になれたのです。彼女は私に「笑顔セラピーの実践は、すべてやってみて始めてその深さと真価が分かるのですね」という嬉しいメッセージを寄せてくれました。

法律事務所で働いていたCさんは、職場のボスである弁護士の先生とどうしても相性が悪く悩んでいて、事務所を辞めようと思っていました。彼女とその先生の2人だけの事務所なのに、先生のことが大嫌いで顔を見るのも嫌だったそうです。

笑顔セラピーを受講し始めた彼女は、そんな状態から「ボスの良いところを100個探す」という果てしない旅をスタートさせました。

もちろん最初はとても辛くて苦労しました。「もうやめよう」と思う頃に次の受講日が来て、参加するとやはり「頑張ろう。ここで自分を変えたい」と思うのです。それまでの人生でも人間関係ではうまくいかず苦しかったのです。やっとの思いで15個くらいは書いたのですが、その先がなかなか進みませんでした。

それでもとにかく「なんとしても１００個見つけるまでは、人生終われない」と、Cさんは決意しました。仕事や勉強は努力で達成できるのですが、人生の流れ方は努力では決して変わらないのです。決意をしてこそ自分が変わるのです。自分の固定観念を捨て、できるだけ真っ白な心で弁護士の先生を見つめるように心がけました。

良いところだけを見ようと意識していると、だんだんと相手の姿が違って見えてくるものです。すると、これまでは自分の先入観によって全く評価できなかった部分も、先生なりに深い考えがあったのだと発見することができたのです。また、責任感が強い人であることにも気づくことができて、自分に対する厳しい要求も責任感から来ていたんだと理解できました。先生は、Cさんにも責任感を持って仕事をする本物になって欲しいと思ってくださっていたと分かったのです。

40個、50個と数を重ねていくうちに、本当に尊敬できる部分や感謝したいところをたくさん見つけられるようになり、やがて嫌だったことがとても大きな学びと感謝に変わったといいます。

そして、ついに100個を達成しました。その時にはもう苦手意識は消えて、笑顔で接することも出来るようになっていました。すると、もうやめたい気持ちはすっかりなくなったといいます。ところがその後、3ヶ月半ほど気持ちよく仕事をやっているうちに、自分が本来やりたかった仕事のチャンスが偶然にも到来してその仕事につくことになり、事務所を辞めることになりました。運がめぐって来たのです。その事務所での最後の日、良いところを100個書いた色紙を弁護士の先生にプレゼントしてとても喜ばれ、先生にも新しい仕事を応援してもらい円満に退職することができました。

彼女は、たった一つしかない自分の人生のステージからあわや逃げるところを、辛いことと向き合い乗り越えて成長し、卒業して、次のステップに飛躍していったのですね。逃げていたら、人生のステージは卒業ではなく中途退学で、人生は間違いなくワンランク下がっていたのです。転職してたとえ社会的条件は良くなったとしても、波動が下がって運氣は落ちるのです。

嫌いな人、苦手な人と一緒に仕事をしていくのは、たしかに辛いものです。しかし、その嫌な面は、どこかで自分と波動が同調したものです。つまり、自分の嫌なところを鏡で見ているようなものです。理屈を超えて感情的に嫌でしょうがないというのは、潜在的に同じ要素を自分が持っている時に、その同じマイナスを見せつけられることへの抵抗なのです。だから、嫌でしょうがないのです。

そういうと「私とあの人は正反対で、私と似たところなんてない」と思うかもしれません。ところが、人間は「抑圧」といって、自分の嫌なところを徹底的に心の奥深くに隠して外に現れてこないようにし、真反対の自分の仮面を被《かぶ》り、それが本当の自分だと思いこむという心のメカニズムがあります。その抑圧した部分をその人の中に見てしまった時は地獄です。嫌な部分を表面に現している相手と隠している自分は凸と凹の関係なので、相性はとても良くがっちりと噛み合ってしまいます。これは職場以外、夫婦などの家族でも同じです。そして職場や家庭が戦いの場所、修羅場になってしまうのです。

それならば、相手の良いところを探してみてはいかがでしょうか。ちょっとでも良いところを見つけて、ノートに書き留めていけば、確実に相手への感情が変わってきます。言葉が人生を変えるのですから、プラスを書き留めたら当然変わります。

もし変わらないとしたら、見つけるたびに、心の中ではその反対の悪いところを確認しているのです。たとえば「仕事が速い……とはいってもね。あの人仕事が粗いしその分周りはつんけんされて迷惑なのよね」とか「優しい」と書きつつ「確かに優しいふりしているけど、あれっておべっか使っているのよね」といった調子です。結局最後には、悪いところに持っていってしまうのですから、マイナス波動になってしまいます。

そういう人は、まず相手にしっかりと感謝法をしてから探し始めると、そういうことが減ってきます。またプラスを見つけたら、そこで思いをプチッと切って次に行くという気持ちの切り替えを練習してください。

実はこれがとても大切なのです。今は相手のプラスを見つけそれを言語化している、それだけのことであって、何も日ごろ感じているマイナスを否定する必要はありません。力づくで無理に自分の感じているマイナスを押し殺してプラス思考のふりをすることは、決して良い結果を生みません。かえってその反動で、結果的に大きなマイナス感情に襲われるものです。マイナスは押し殺すのではなく、とりあえず横に置いておき、この瞬間はプラスを見つける、今だけここだけの意識でよいから、ひとまずプラス地点にお引越しをするのです。その繰り返しによって無理なく自然にプラス思考が身についてゆきます。だから１００という数字が大切なのです。

こちらの感情が変われば、当然相手にだって変化は現れます。感情の波も同調しますから自分のプラス波動が共鳴して、相手もあなたの良いところに着目するようになるはずです。

自分の良いところを１００個見つければ自分を好きになる

人間関係以前の問題として、自分自身が嫌いで自分とうまくつきあえずに悩んでいる人もかなり多いでしょう。

そんな人に、精神論で「自分のことを愛して」と言っても無理です。生まれ育った環境の中にとても根が深い原因があることがほとんどのケースです。でも大丈夫、笑顔セラピーではたくさんの人々が、自分を好きになって人生が変わられました。ここでも１００個の良いところを書き出すという方法が、とても有効です。

自分のことが好きであろうが、嫌いだろうが、少しずつ良いところを探すことはできるはずです。本当に些細なことでも構いません。

字がきれい、ウソをつかない、人を裏切らない、口が硬い、節約が上手、胃が丈夫、音楽が楽しめる、ツーリングが好き、母が手料理上手など感謝できる点も書き加えます。9割きつい性格でも1割優しいところがあれば、「優しいところがある」と書きます。きつい性格をごまかしているのではありません。マイナス点は言語化しないだけで、マイナスがないといっている訳ではないのです。良いところだけを言語化しているのです。

そのことが自分の人生にとって少しでも価値があるならば書きますが、社会的には大きな価値があることでも、自分の生活にそのことによるプラスが全くなければそれは書かないでください。それを毎日コツコツと書きためて、１００個になるまで続けます。

すると、あなたの人生はだんだんとプラスの方向へと動き始めます。自分の良いところを書いて、自分のことがどんどん好きになってきます。

さらに、良いところを書き留めることで、自然にプラスの言葉を使うようになって、プラス波動の共鳴が起こります。あなたがノートに書き留めたプラスの世界こそが、あなたの人生の居場所になっていくのです。見えないけれど、これが本当の人生の根っこです。見える世界、現象世界のすべては根っこの結果であることをいつも忘れないでください。

時間はいくらかかっても構いません。途中まで書いたノートを何度も見直して、自分の良いところを確認してみてください。プラス波動がさらなるプラス波動を呼び新たな良い点を発見させてくれるはずです。運氣の流れは必ず良くなっていきます。

変わってこないとしたら、書いても書いても、どこかで頑固に、「優しい」と書いた端から「そうはいっても気が弱いんだよ」とか「良いところを見つける方が、気は楽だよね、でも現実は厳しい」などと自分の書いたプラスを否定したり、このワークの価値を信じることなく、数合わせくらいの気持ちで書いているのです。マイナス思考の人はとても頑固で、変わり下手であることが多いのです。しかし今変わりましょう。

自分のプラスを見つけることの真なる意味は、人の良いところを見て信頼するためです。逆に、人の良いところをたくさん見つけることが上手な人は、自分の良いところもたくさん知っている人なのです。つまり、自分をどう見ているかは他の人々をどう見ているかであり、他を見る目で自分を見るのです。

私たちの命のふるさとである真実の世界は、すべてがプラス一元です。そんな真実の世界が見える自分になること、プラスだけの真実の世界に暮らすこと、つまり悟ることが、我々人間の本当の目的です。そのためには真言を繰り返し唱えることです。世界中の人々が真実の世界に暮らし、プラスだけしか見ないようになれば、地球は平和になるのです。その世界への出発点が自分と人の良いところを見つけることなのです。

そのために、素直にプラスを積み重ねることが大切なコツなのです。

ここで、私からあなたに自信をもって提案できることがあります。苦手な人の良いところ、自分の良いところ100個見つける作業と感謝行一日最低3000回を組み合わせてやってみてください。相乗効果で運氣が、音を立てて変わってくること請け合いです。

プラスストローク訓練で、人間関係の達人になる

人間同士には、いろいろな触れ合いがあります。挨拶をしたり、食事に誘ったり、声をかけたり、ジョークを飛ばしたり、ご馳走したり、仕事を指示したり、任せたり、重要なポストに任命したり、通りすがりに会釈したり、お辞儀したりします。トイレで順番を譲ったり、お茶を差し出したり、朝礼で賛辞を伝えたり、握手したり、相手の話に苦笑いを

返したり、大笑いしたり、相手の話に相槌、うなずきを返して聴いたり、期待していることを伝えたり、励ましたりします。上司を尊敬し、尽くす人もいます。部下の幸せを良く考えて指導し深い愛を示したりします。これらはもらうと温かい感じがして嬉しい触れ合いです。心理学でこの触れ合いのことをプラスのストロークと呼びます。

一方、注意したり、叩いたり、キッとにらんだり、怒ったりもします。部下を信じ成長させるために、頼ってきた相手を突き放すときもあります。こういった受けるとちょっと痛い触れ合いをマイナスストロークといいます。

プラスのストロークをもらうとやる気になったり自信が出てきたりします。その結果朗らかになり、笑顔も生まれてくるでしょう。誰でもプラスのストロークを熱望していますね。でも期待しているストロークがこない、つまり誰も話しかけてくれなかったり、親切にしているのに、お礼もないし自分だけ誘ってもらえなかったりすると、とても寂しくなったり、嫌われていると感じて辛くなったりしますね。

このように無視される、つまりゼロストロークはとても辛く、長く続くと人間は生きていけません。まだ注意されたり叱られたりするマイナスストロークがくるほうがずっとましです。マイナスストロークも、根底では相手の存在を認めているから出しているストロークなのですが、無視は相手の存在そのものを認めていないのです。人間は認められないと生きていけません。

つまり人間が心底、強く熱望しているものはストロークだといっても過言ではありません。もちろん生きるのに必要な食べ物、水がなくて死にそうな時は、ストロークよりも食べ物飲み物を求めます。しかし、そういった肉体的危機状態であるとき以外は、ストロークを熱望しているのです。贅沢な食事を毎日たった一人で食べる生活より、粗末な食事でもいいから誰かと一緒に食べたい、その中でも自分を認め大切にしてくれる人とわいわい食べたいと思うのが人間の本能です。

ほとんどの人々がストロークを得るために、自分を律して努力に努力を重ねているのです。幼児期に、母にほめてもらい、抱きしめてもらう、笑顔を向けてもらうために子どもは自分の行動パターンや考え方、価値観を作り上げてゆき、生まれつきの性格の上にそれらを積み上げていって最終的な性格をつくります。生まれつきの性格よりも、成育歴の中のストローク環境のほうが、その後の人生を大きく左右するのです。

ところで、もちろんストロークは欲しいのですが、たとえストロークがなくても、生きてはいけるだろうと思いますか？

きっと、まさか死ぬわけはないだろうと思われたのではないでしょうか。しかし、もしストロークが一切なければ人は死んでしまいます。赤ちゃんの時に、お乳や離乳食を十分に与え、衛生管理や温度湿度の調整をきちんとしていたら、どんどん体重や身長が伸びるはずだと思いますね。ところが、新生児の時、抱っこや声かけ、微笑みかけるなどのストロークが全くないと、新生児はやがて脊椎萎縮症になり死亡するのです。

触れ合いが極度に不足した環境でも、身長体重が年齢相応に伸びなかったり、ハイハイや立っちなどの運動機能が遅れたり、また言葉を覚えて使い始める時期が遅れたりします。頭脳の成長も遅れてしまうので、学力や創意、もって生まれたはずの個性や感性も現れません。その結果、ごく当たり前の人への思いやりや愛も育ってこないのです。

また、マイナスストロークが圧倒的でプラスのストロークが極端に少ないと、自信が全く持てず、人間関係が健全に営めない、人を傷つけてしまう、情緒が不安定、性格に偏りが出るなど人間形成に大きく影響をもたらします。当然笑顔はでません。表情筋が動かず無表情です。

つまりストロークが、プラス思考で豊かな人生を送るか、マイナス思考で辛い人生になるかを決定する要因なのです。だから人はストロークを切実に求めるのです。

ストロークとは、相手の存在や存在価値を認めていることを言葉や表情や動作で現し伝えることです。その動作や言葉や表情のことをいうのです。相手の存在を心の中では重要に思っていたり、尊敬していたりしても、表情または言葉の端にも表さなかったり、伝えたりしなければ、ストロークとは言いません。言葉や行動、また表情に表した時にはじめて「ストロークを送った」というのです。

家族などは、もちろん愛しているしとても重要な人であるのは当然ですが、つい親しさに甘えてストロークを出さないことがあります。

神経質なうえに糖尿病のお姑さんのお世話で苦労していて、自由に出かけることもままならないお嫁さんに、一言の感謝も伝えないし、妻の誕生祝いもしない亭主関白で威張っている夫が、友人には「妻には感謝しているんだ。あいつがいないと生きていけないよ。よくやってくれているんだ」と言っている……、こんなケースがよくあります。妻は「うちの夫は口下手なだけ、だから私は愛されているし満足している」と思うでしょうか？よく中年離婚という言葉を聴きますが、うまくいっているとばかり思っていたのに、と驚くのは、決まってストロークを出し惜しみしていた夫の方です。親しい中にも、笑顔や挨拶、ねぎらいの言葉やたまにはプレゼントが必要です。

人間関係はこのストロークですべて決まります。相手にたくさんのプラスのストロークを贈りましょう。それがあなたの人間関係を豊かで幸せにするのです。自立心ややる気や叡智のあるなしも幼児期から今までのストロークの量と質によって身についたのです。人生はすべてストロークの質と量によって決まってゆくと言っても過言ではないのです。だからこそ心の底からストロークを渇望しているのが人間です。

相手に良いストロークをたくさん贈ると相手に生きる活力をプレゼントすることになるのです。心からの信頼と感謝を表したストロークをたくさんもらった時、人間は大きくその個性や感性、能力、叡智、直観力、愛、そして体力さえも伸ばしてゆきます。そして人に信頼と感謝のストロークをたくさん送ると自分も運が良くなるのです。

周りにたくさんの良いストロークを送れると、自分にも豊かなストロークが周りから与えられるのです。出したものは返ってきます。これが自然な愛の循環です。

優子さんは自分が大嫌いで、自分の笑顔なんて気持ちが悪いとさえ思っていました。自分を投げ捨てて生きてきたのです。お風呂に入っている時間など恨みつらみや嘆き、愚痴ばかりが心の中から湧き上がってきて、思わず泣き出してしまうこともあるといいます。リストラにあったことをきっかけに、このままで人生を終わりたくないと思いました。そこで笑顔からはじめようとネットで探した『人生を変える笑顔の作り方』（ＰＨＰ文庫）を買い、勇気を振り絞って笑顔セラピーに参加したのです。

しかし、彼女はいつもうつむきがちで険しい顔のままでした。セミナーの昼食タイムでグループになって食事をしている時、受講生のＹさんから「優子さんの笑顔素敵！かわいいわ」と声をかけられて驚いてしまいます。「私の笑顔がかわいい？」そう、笑顔はどんな人をも輝かせるのです。

それ以来、優子さんは笑顔体操を日課にし、言葉をプラスに変え、感謝法も始めました。辛かったお風呂の時間にも「ありがとうございます」を唱えていると、ぐんぐん心が軽くなり、体調も良くなっていったのです。やがて、他の人からも笑顔を褒められるようになりました。周りの人々も彼女の表情が明るくなったことに気づいたのです。

心から幸せを感じるようになるのに、時間はかかりませんでした。受講を初めて3か月後の笑顔セラピーの仲間との忘年会で、優子さんは辛かった過去を脱出できたことを語りながら、涙ぐんでしまいました。

その席でYさんは「彼女の暗い雰囲気が気になって仕方なかったの。それで彼女がふっと笑顔を見せた時、チャンスと思って思い切って声をかけたの」と打ち明けました。

褒め言葉は人にやる気と勇気をもたらします。周りの人に笑顔をもらったとき、お礼に「あなたの笑顔素敵ですね」と、声をかけてさしあげましょう。私は接客者から笑顔をもらった時、「素敵な笑顔！」と声をかけます。すると嬉しそうな笑顔がまた返ってきます。

確実に褒め言葉を送れる自分になる5つのステップ

しっかりと相手にプラスストロークを送れる自分に成長するには、次の5つのステップを実行してみてください。確実に成長をもたらします。

①感謝法でプラス波動の自分になり、挨拶や声掛け、笑顔など気楽にプラスストローク

をだせるよう、毎日最低３０００回（45分位）実践する。

②１週間目　自分の良いところを１００個書く（書いたものを毎日お風呂などで「私は優しい、ありがとうございます」「私は努力家、ありがとうございます」「私は几帳面、ありがとうございます」などといくつかを声に出して言う）

③２週間目　上司や先輩、後輩など、いつも一緒に仕事をしている人の良いところを１００個書く。

④３週間目　苦手な人の良いところを１００個書く

⑤４週間目以降　プラスストロークを書くことに慣れてきたら、日常で相手にそれを一つひとつタイミングを見て伝える

以上①から④のプロセスを、自然に人の良いところが目に入るようになるまで、ぜひ繰り返し実行してみてください。②③④の順序は自分のやりやすい順番でＯＫです。これは、大自然の法則、真理をもとにしているワークですから、必ず自分が変わってきます。変わってこなかったら、これらのワークで積み重ねるプラス以上のマイナスを発信しているだけです。おそらく「変わるもんか」「変えたくない」と決めつける、固定観念、自己限定が働いているのです。この自己限定も、素直にやればこれらのワークで消すことができます。最高に幸せで良い人間関係の暮らしは、あなたのすぐ目の前にあります。掴むのは自分の意志次第なのです。

第4章

天命・天職に出会うために実践すべきこと

人はそれぞれ生まれてきた意味がある

物質的に満たされても、本当の幸せはつかめない。20世紀の教訓として、私たちはその真実を目の前につきつけられています。

では、私たちの本当の幸せとはいったいどんなものでしょうか。

それは自由に自分らしく生きるということ。幸せの第一条件は、自由、人は自由に自分らしく、思うとおりに生きるべきです。しかし、人はふだんは意識しない「幸せとは自由の中にある」ということを、自由を奪われた時に初めて気づきます。人は自由を与えられるなら、もちろん一番に自分らしくあることを選ぶのが本心です。ところが、お金や社会的地位をひたすら求めると、どんどんお金や地位に縛られた生き方になっていきます。しかしそのことに気づいている人は少数です。多くの人が、お金のためにエコノミックアニマルとまでいわれるようなライフスタイルにはまり、ストレスで体を壊すか、うつ病になるまで、自由の大切さに気づきません。自分らしい生き方を手放して、どんな幸せがあるというのでしょうか。

あなたは自分らしく生きていらっしゃいますか？

なかなか難しい質問です。「今、私は自分らしいのか」「自分らしい生き方とはどんなライフスタイルなのか」考えれば考えるほど、迷路に迷い込んでしまいそうです。

実は、人は一人ひとり生まれてきた理由と役割があります。私には私の役割があり、あなたにもあなたがやるべき役割があります。どうも役割がないと生まれてくることが出来ないというのが真実のようなのです。

天命とは生まれたときに天から与えられた役割、つまり使命のことで、天職とはその人の使命を果たすための職業です。つまり、自分らしく生きているかどうか、最高に運が良く幸せかどうかは、天命・天職に沿って生きているかどうかということなのです。

もちろん、天命・天職とは職業だけではありません。ボランティア活動のこともあれば、母として子を育てること、誰かの妻として夫が天命を生きるのを助けるのが天命という人もいます。

どんなパターンであれ、天命・天職に生きている人は、自分に与えられた役割を楽しみ、笑顔でいきいきと、そして真剣に働いていらっしゃいます。

それこそが本当の幸せの姿です。

天命・天職から外れた生き方をしていると、本当の幸せをつかむことはできません。たとえ社会的な成功を収めていたとしても、心から満たされることはないでしょう。

事業に成功して、富と名声の両方を手にしていたとしても、それが天命でなければ、どこか空しさ、満たされない思いがつきまといます。その満たされない思いを埋めようと、さらに事業の拡大、大きな富や名声を目指すようになりがちです。周囲から見れば、その人はどんどん成功し、さも幸せであるかのように映るかもしれません。しかし、もしその人の心の内側を除き見ることができれば、ひたすら事業を拡大しようと奮闘する姿は、空しく切ないものだとはっきりと感じることでしょう。見えない世界だけに皆、この幸せもどきにだまされてしまいます。

夢や希望を持つことはすばらしいことです。しかし、同時にその夢や希望が自分の花として相応しいのかどうか、本物の幸せなのか、富やかっこよさという社会的名誉、もっとひどい場合は、社会的経済的安定を求めての目標や夢なのかをよく吟味することも重要なのです。

B氏は事業家です。とんとん拍子に事業が大きくなってゆきました。有頂天になりながらも熱心に事業の拡大を目指して一生懸命でした。時はまだバブル崩壊前だったので、夜は遅くまで接待にあけくれました。そのかいあって支店はドンドン増え、8年で14箇所にもなりました。

しかし、忙しい合間に1ヶ月に1回くらいの休みをとり、ふっとわれに戻る時間があると、なんだか胸の中にぽっかりと穴があるような空しさに襲われるのです。これはまだ事業が十分納得できるものじゃないからだと思って、B氏はさらに大きな夢を追いかけることを決意します。それから高収入に物をいわせて、好きな高級車をどんどん買い替え、その回数は8年間で11台にのぼったといいます。車を買ってしばらくは嬉しくて、それなりに成功した自分を感じ満足感にひたれたそうです。しかし高級車を乗り回しても、支店を増やしても、収益が上がっても、胸の中にある穴がふさがることはありません。

それを感じるたびに焦燥感に駆られ、幸せを追いかけてさらに自分に鞭打って頑張りぬいた、その結果は病気でした。肝臓を病んでしまい、数ヶ月の療養生活に入らざるを得ませんでした。やり手の彼が抜けた後、事業は縮小の一途をたどり、1年後、結局2番手で頑張ってくれていた友人に事業をゆずりました。自分の人生を静かに振り返る時間を持てた彼は、このまま事業がどんなに拡大できたとしても、決して幸せになれない自分をはっきりとみつめることができたのです。

そして、いまは自分の病気を改善に導いた東洋療法の療法士を志して、修行中の身です。一人ひとりの患者さんに丁寧に対応しても1回40分の施術で4000円、しかもそのうち自分の収入となるのは半額以下という率の悪い仕事ですから、収入はかつての5％位だといいます。やっと何とか生活できる、そんな今ですが、心の中の穴はなく、患者さんの様態が改善され感謝される喜びは何にも変えがたい、毎日が安らぎと喜びに満たされているそうです。

B氏は二度とかつての、エコノミックアニマルには戻りたくないといいます。将来、患者さんに予防医学を学んでいただきつつ、おいしい食事のできる生菜食の自然食レストランを併設した治療所を開くという夢に向かって、しっかり修行をしてゆくと目を輝かせていらっしゃいました。

　植物にたとえてみると、バラの種からはバラの花しか咲きません。同様に、タンポポの種からはタンポポの花しか咲きません。じつに単純明快な真理です。

　ところが、タンポポでありながら、バラの花を咲かせようとして頑張っている人がたくさんいます。「バラの花を咲かせたい」という気持ちは理解できますが、それは幸せへの道のりではなく地獄への門であるということに、気づいて欲しいのです。

　とはいえ、自分の生き方を考えるとき、つい現代社会の持つ価値観の影響を全身で受けると、誰しも焦ってしまいます。良い学校に入って一流企業に就職するのが幸せ、同世代の人と比較して高い給料をもらうのが幸せ、出世が早いのが幸せ、広い庭付きの家に住み高価な家具に囲まれ、家族旅行を一流のホテルで楽しむのが幸せなど、社会が幸せの形をこれでもかと押しつけてきます。

　マンションのテレビコマーシャルや、有名人の豪奢な、そして個性的で文化的なお宅拝見番組などを見ると、狭苦しい我が家と比べてため息がでます。ショッピングセンターのショーウィンドウでも、上品で高級、趣味の良い洋服や家具などの高級品が目を引きます。0が一つ多い値札を見ては、またため息がでるか、またはお金儲けに励もうと思うのでしょうか。

　こんな日常の繰り返しの中で、どんどん異常な現代社会の洗脳のシャワーを浴びて、人間としての幸せは何かを考える判断力をなくしながら成長してゆく人が大半です。孫を連れておもちゃ売り場に行ったとき、ぞっとします。子どもの欲求を徹底的に刺激して欲しがらせ、親の財布のヒモを緩めようと狙っているようです。今や小中学生がスマートフォンを持つ時代です。

こうやって幼い時からもうすでに、お金洗脳を浴びながら成長し、勉強に精出すエコノミックアニマルへの路線に乗せられていくのかと思うと、やりきれない気持ちになってしまいます。

そうやって育った子ども達は、知らず知らずのうちに「社会から認められる豪華なバラや蘭の花を咲かせるのが幸せ」と思い込むようになり、本来の自分の花がタンポポや大根の清楚な花であったことをすっかり忘れてしまう、人間がつくった社会という怪物に人間が食べられてしまっているようです。そこから、自由をなくし、その結果運氣はどんどん落ちていくのです。

日本は豊かな近代国家になったにもかかわらず、何か縛られていると感じている人が多いといいます。人間は何かを求めた時、その何かに縛られるのです。お金を求めると経済の法則に縛られ、愛を求めると相手の思惑に縛られ、求めるたびに自由をなくしてゆくのです。

それぞれに与えられた天命・天職に、上下関係はありません。バラにはバラの良さがあり、タンポポにはタンポポのすばらしさがあります。タンポポはタンポポになる以外に幸せへの道はありません。自分らしい生き方に落ち着くことがなにより大切なのです。

仕事で悩んでいる人、自分の生き方を見失っている人など、どんな人でも実践できるように、天命を生きるためのシンプルで具体的な方法をこのあとのページでいくつも紹介していきます。ぜひ実践してくださいね。

花や実をつけるには、まず根っこを伸ばす

大事なのは根っこが伸びた結果として、自分の花を咲かせることとです。

根っこが伸びた結果として、花や実がつくのは幸せです。しかし花や実が多すぎるとかえって根っこを枯らすのです。実際の植物なら、根っこが伸びてないのに、花や実がたくさんつくことはありえないのですが、人間の場合は、欲で求めて根っこにふさわしくない大きな花や多くの実をつけてしまい、その結果枯らしてしまうのです。つまり、立派な花や多くの実をつけたおかげで、不幸になるケースがたくさんあるということです。

出世してお金もちになって不幸になるということが信じられるでしょうか。残念ながらこれは絶対法則の結果なのです。

人間にとって根っことは何でしょうか。

それは素直さ、謙虚さ、積極性、自己肯定感、他者への広く大きな愛、自立性など、その人の人格や心境の高さです。つまり、徳分をどれだけもっているかということです。言い換えると、周りの人々に、大自然に、今ある自分に与えられたすべてに感謝して生きているかどうかです。これらは隠れていて人からは見えにくい根っこに当たる部分で、その人の波動です。

私が29年以上、笑顔セラピーや感謝行セラピーを行っているのは、たくさんの受講生のみなさんの根っこ伸ばしをお手伝いし、運氣を上げていただくことが目的なのです。

天命・天職に出会うための3つのステップ　その1　感謝行

天命、天職への第一ステップは、笑顔と感謝行を徹底的にやることです。

天命・天職に出会い、幸せに近づいていくというのは、紛れもなくプラス波動の出来事です。そのためには、あなた自身がプラス波動を発していることが必要です。

天命を生きていない人ほど、現状に不満を持ちマイナスの言葉を口にします。「なんでこんなつまらない仕事しか出来ないんだ」「こんな仕事、自分に合っていない」などと自分の仕事に不平を感じている人は、いつまでたっても天職に出会えません。厳しいようですが、これは真実です。

笑顔セラピーの受講生で大手都市銀行に勤める敏子さんは、競争社会の先端をいく銀行という職場が大嫌い、嫌で仕方がなかったのです。しかし、それなりに能力のある人だったので、ひとつチームの主任としてノルマを抱えて仕事をしていました。

そんな責任ある立場にありながら、彼女は自分の天職ではないと思って、辛い思いで仕事をしていたそうです。生活のため、また会社の組織上、辞めることもできません。といって、このままマイナス波動を発したまま、働いていても仕方がありません。気持ちはとても苦しく、揺れ動いていました。

とうとう精神的に行き詰まった彼女は、いっさいノルマを無視する決意をします。笑顔セラピーで学んだ、笑顔と「ありがとうございます」を実践することだけに力を注いだのです。

まずいつも部下に笑顔を向け挨拶をすること、朝早く出社して、みんなが来るまでの十分ほどしっかり「ありがとうございます」を唱えてから仕事にかかること、休憩などの合間をみては、1分でも「ありがとうございます」を唱え続けます。

次に自分の良いところ見つけ、部下の良いところを徹底して見つけて紙に書いてゆきました。一人100個が目標です。そして、折に触れては本人に良いところを伝えました。

「あなた、お肌が透き通っているね。心が素直だからその表れね」「電話の応対、機転が利くねえ。お客様も安心なさるわ。ありがとう」とこんな具合です。

営業目標は、一切部下にも問いただしませんでした。それで、もし成績が落ちてクビになっても降格になってもかまわない、と覚悟を決めたのです。

ところが、そんな日々を送り始めて約2ヶ月、彼女のチームの成績は、落ちるどころか少しづつ上昇してゆき、3ヶ月目には、今までで最高の成績を上げられたのです。チームの雰囲気も明るく、どんどんモチベーションは上がっていきました。そして、なんと会社全体のトップの成績がとれたのです。彼女のチームは会社の模範として表彰され、チームの主任以外に教育担当に任命されたのです。彼女の職責の等級も1ランク上がり給与も上がりました。

ノルマ達成のためではなく、ただ部下の幸せとお客様のお役に立つことだけが彼女の生きがいになり、忙しいけれどとても充実して楽しく働けるようになっていきました。タイムリーに笑顔セラピストの勉強をしていたことも、教育担当者として大いに役に立ち、運の良さを実感したといいます。過去の自分では考えられない運命の波に乗っている気分だといいます。

まずは、笑顔と「ありがとうございます」で、プラス波動を発信できる自分になってください。「ありがとうございます」と言う言霊は、どんどんあなたを本気にして、天職のほうへの誘導を加速してくれる魔法の言葉です。天命を生きていきたい人は、思いっきりたくさん唱えてください。

天命・天職に出会うための3ステップ　その2　本気になること

本気になるというのは、自分の限界を破ることです。

「本気」とは抽象概念でわかりにくく、人それぞれに解釈が少しずつ異なります。しかし、「本気」をしっかりと正しく把握し実行することは、何より大切なことなのでなるべく丁寧にお伝えしたいと思います。そのためにこの項は少し長いのですが、ぜひおつきあいください。

どんな仕事でも本気でやれば天命につながっているのです。

人にはそれぞれ天命・天職があり、それから外れると幸せになれない――これは大切な真実ですが、ちょっと間違った解釈をされることもあります。それは「今の仕事が辛い」と感じている人が、すぐに「これは天職じゃないな」とばかり、逃げの言い訳に使ってしまうという場合です。

私はなにも「やっていて楽しいのが天職、辛ければさっさと辞めて、天職を探しにいきましょう」と、現実逃避を勧めているわけではありません。

何度も述べているとおり、今の職場を辞めるか辞めないかというのは、人それぞれ、その時々によって、事情が異なるでしょう。とはいえ、逃げるように辞めてしまうのでは、次の職場でも自分の逃げたことに再度向き合わされる結果になるものです。今よりレベルの低い職場へ行くことになって、さらに不満が溜まるという結果になることもよくあります。

辛い→逃げる→転職というサイクルを繰り返していると、どんどんレベルは下がっていきます。天命、天職を見つけるどころか、逆に遠ざかっていくのです。

「天職でないものを続けるのは、時間の無駄なのでは？」と反論する人もいるかもしれませんが、決してそんなことはありません。自分や自分の問題と向き合いながら、今ここを一生懸命に生きているプロセスは、必ず天命の中に活きてきて最終的な天職へと確実につながっていきます。

今携わっている仕事の経験が、結果的に必ず天職を全うするのに必要な何かを気づかせたり、足りない能力を引き出してくれるプロセスだったり、体力、知力、人間力などを鍛えてもらうのに必要なプロセスであることに気づきます。だから、安心して今ここをしっかり生きることです。その延長線上にあるのが天命、天職です。今ここに根を張って生きていない人が、突然天命を見つけるということは、絶対にありません。傍目にはそう見えたとしても、奥では必ず今ここがあり、今ここに根を張って、生ききったその先に天命が花開いているのです。天命は根っこでは現職とつながっているのです。

「あの経験がなければ、この事態を乗り切れなかっただろう」とか「あの頃にやったことが、この直感を生みだしたなあ」とか「あの時に鍛えた能力が、こんな形で今の仕事を支えていくとは思わなかった」などという時期がくるものです。

私は自分の天職ではないと思いながら、離婚直後は生活のために訪問販売の仕事をしていました。営業で成功するには、説得力が大切、自分の言いたいことばかりを話していても、お客様は高価な買い物を即断即決で買ってはいただけません。そのためには、お客様の意識の微細な揺れや動きも見逃してはならない、お客様の顔色の変化、言葉尻を読み取り、刻々の心の揺れにぴったりと付いてゆきお客様のお話を必死で聴きながらチャンスをうかがい、言葉を選び、商品の必要性を説得してゆくプロセスが、私の経験した成績本位の営業達成に必要な能力でした。

私の場合、そのプロセスにかかる時間は、訪問してから契約書にサインをいただくまで平均3時間でした。その3時間を経ることで私はいつもエネルギーを使い切るために、訪問先の玄関を出たとたんにクラクラと脳震とうを起こし、目の前が真っ暗になるのが常でした。そのくらい一点集中していたということです。今ここに最大限の能力を使い切っていた。100%を超えていたということです。子どもを抱えて生きるのに必死だったのです。

もちろん、会社の強要するこんな強引な営業の仕方は納得できず、どこかで後ろめたさもあり、とても重い気持ちでした。何度か上司にその疑問をぶつけてみましたが、当然上司からは、納得のいく答えは得られませんでした。

しかし私は、「正論で会社批判をしても私たち親子は食べてはいけない。今は売ることに専念しよう。1本売れて私にもセールスができると証明できたら、その時はここを卒業しよう」と決意しました。1本も売れないままやめたらセールスから逃げたことになる、自立の第1歩で逃げたら一生逃げることになると思ったのです。それまでの運の悪さは自分から逃げていたからだと気づいたのです。

そんな強い決意を持てたのは、離婚を決意するまでの辛く苦しいプロセスが私を強くたくましく育て上げてくれたからでした。これらのプロセスがなければ、いまだに私はマイナス思考で辛い人生を生きていたに違いありません。離婚時の辛ささえも必要なプロセスだったのです。そして3ヶ月目に初めてオーダーが上がったのですが、次の仕事が見つからないとやめられないので、結局8か月間セールスに没頭しました。

1本売れてからの5ヶ月間はトップセールスの位置を下りることはありませんでした。収入も40万円を超え、とてもありがたかったのですが、強引な売り方への後ろめたさと、本当に好きな仕事で生きていきたいという思いは消えることがなく、結局辞表を出しました。自分の幸せを犠牲にして子育てのためだけに生きるのは、どうも私らしくないと気づいて、自分の憧れの仕事である接客のインストラクターを目指したのです。

やめることを決意して辞表を出してから退職するまでの1ヶ月、それまで以上に一生懸命営業成績を追いかけました。辞める前に、ド素人の私を売れるセールスマンに育ててくれた会社に恩返しをしようと思ったのです。正直言って、社員にもお客様にも愛のある会社ではありませんでした。社員は消耗品扱いという感じで、売れない人はどんどん追い詰めて辞表を出させるというやり方でした。

しかし私は、その時なぜか会社に感謝すべきだと思えたのです。100％を超えて本気になると、自分の中に存在する神が自分を応援してくれ、必要な心に戻してくださるのです。あるべき方向への導きが入るのです。だから、その当時のマイナス思考で未熟な私には有り得なかった感謝という2文字が私の中に生まれたのですね。

特に辞職前の売り上げ強化月間の月の最後の3日は意地になったかのように、1日に3つのオーダーを取りました。1日に1本のオーダーをとるだけでも、大変名誉でほめられることだったのに。自分の限界を破って成果を上げ、会社にお返しをして退職できました。

今思えばこれは、営業を卒業するために私が私に出した卒業試験だったようです。

ここでも私は自分の限界を超えて101％以上の力を出し切り、自分の能力や体力、可能性の枠を大きく広げ「なせばなる」という確固たる自分への信頼感を持つことが出来たのです。だからその後はどんどん運がついていきて、前述のように唱えていた暗示用語のとおりに、とんとん拍子に接客インストラクターの仕事に就くことが出来たのです。

私にとって、訪問販売の営業は天職ではありませんでした。しかし、その後接客のインストラクター、そして笑顔セラピーの講師としての今があるのは、営業職のときに脳震とうを起こすくらい真剣にお客様の心の動きを読み取ろうとして培った能力、そして売るための説得力の賜物で、その当時からもうすでに天命を果たすために必要な総合的能力養成講座になっていたのです。

8ヶ月間、お客様の気持ちを読み取り、寄り添うこと、自分の言いたいことを伝えるために一番効果的な言葉を選ぶ能力を培い、一点集中で力を出し切ること、そして与えられたものを感謝で受け取るという一番大切な心境、この3つは、今私の天命である笑顔セラピー講師としての欠かせない能力そのものです。神様が用意してくださったオーダーメイドのしかも無料の研修だったのです。あの期間のお陰でその後めぐってきたチャンスを生かし、初心者の私がいきなりプロの講師として通用したのです。すべては今天職を生きている私のために必要必然ベストなプロセスでした。感謝で一杯です。

当然今私の商品は、かつての高額な幼児教育教材ではなく、必ずお客様を幸せに導くもの、つまり笑顔と「ありがとう」です。この仕事に天命を生きる幸せをかみしめ、心から生きがいを感じています。今さらに、恩返しだけが目的で、お陰様で幸せ一杯です。

そしてこれは、私だけのラッキーな偶然ではありません。普遍的な宇宙の法則なのです。天職が何かが分かってきた時、それまで自分がやってきたことの本当の意味が、俯瞰的にすべて見えるのです。人生に起きてくることには一つの無駄もありません。ただ本気になるまでの間は、苦労と無駄という顔をしているのですが、その顔にだまされては大きな損です。本気になった瞬間に、無駄で苦労に見えたことがぴったり必要必然ベストなプロセスであったことがわかるのです。まるで、マジックで紙くずが美しい7色の羽に変わるように。そういう意味では、しっかりと無駄をしていていいのです。でも無駄と苦労に飽きたなら、一刻も早く本気になってください。そうすると、新幹線のごとくビューンと一気に天職への道が目の前に開けてきて、自分にとっての天命が何であったかが分かるのです。

特に、苦手なことや性格や環境の中のマイナス要素が天命へのカギです。

私も苦手なことを活かして、天職を見つけました。昔から私はマイナス思考で神経質、笑顔を作るのは苦手なタイプでした。笑顔が作れず、セールスの仕事では苦労したという話はすでに書きました。そこから作り笑顔を練習するようになって、笑顔セラピーを開くまでに到りました。私のように笑顔が苦手な人に、笑顔の作り方を教えてあげられたら、マイナス思考の人にプラス思考になる方法を伝えたら、きっとその人は幸せになってくれるはず、それが私の原点です。

笑顔セラピーの講師が、不安神経症でマイナス思考、笑顔が苦手だったなんて、意外な感じがするかもしれませんが、天命とはそういうものです。もし私が、生まれついて笑顔が得意なタイプだったたら、作り笑顔の練習なんてしなかったでしょうし、笑顔セラピーの必要性に気づくこともなかったでしょう。もちろん、生まれつき得意なことがそのまま天職につながっている人もいらっしゃいます。それは一人ひとり違うのですが、一つの無駄もないのが人生であり、本気になったときそれがわかるというのは、人間みんなに共通のプロセスです。だから、安心してください。もうすでに、シッカリと天命に生きていて天職への準備をしているのですから。

本気とは決意したことに向けて限界を超えること

目の前の仕事に対して、全力（あるいはそれ以上の力）を投じてあたることが大切です。もちろん、まだ天職に就いていないのですから、自分の好きな仕事ではないかもしれません。しかし、好きな仕事得意な仕事でない、慣れた仕事だから、組織で動いているからといって70％、80％の力で働いているようでは、天命・天職に出会うチャンスは永遠に訪れません。

本気になるということは、１００％ではダメで１０１％以上の力でもって仕事に取り組むということです。それほど本気にならなくても十分こなしていける仕事の場合、自分で期限を設けて思い切りスピード化してやることです。すると本気になり101%以上の力を出すことになります。しかし人間というのはつい環境に負けて自分に甘くなりがちで、そのためには常に本気にならざるを得ない高い目標を持つことが大切です。目標を持つ本当の意味は出世やお金など現世利益のためではありません。自分の本気を引き出すためのものです。現世利益のために目標を持つとどんどん運氣は下がり、天命から大きく外れてしまうものなのです。

本気というのは、まず決める、決意することで、決意したことに向けて限界を超える、つまり101%以上の力で関わることです。100%までは、今の自分の力で出来るわけですから限界破りにはならないのです。自分の中の内なる神（潜在能力、潜在意識）の中には無限なる智恵、能力、直観力、創造力が宿っているのです。それを開発しそれを生かして人々のお役に立つことが、本当の幸せでありこの世に生まれてきた意味です。

本気で仕事をしている人は、次の7つの要素を持っているものです。

●自ら大きく責任を取る
●行き届く
●スピード化する
●謙虚である

●素直
●全体に気を配る
●感謝する

これらの要素が身についたうえで、本気で仕事をしている人は意外に少数です。自分の限界つまり100％の手前で立ち止まっていては、いつまでたっても自分の能力は100％のままで次のステージには上れません。ここでいう能力とは、専門分野の仕事をこなす能力はもちろん、体力も知力も直観力も人間関係力も仕事をする上で必要な力すべてを含んでいます。

「もうダメだ」と思ったときが、これらを身につけ成長するチャンスです。

第3章でも述べたとおり、能力は質のよい革袋のようなものです。詰め込んでいっぱいになっても、まだまだ入ると思って入れるとどんどん無限に伸びるのが人間の能力なのです。

しかし現実にはそこまでやりきる人がほとんどいないのは、人間は固定観念を持ち、自己限定をして、自分の革袋にはもう入らないと思ってしまうからです。自分の力はこの範囲と決めつけているのが自己限定です。あなたの持っている革袋は最高級の上質で、いくらでも押し込むことが出来て限界はないのです。人間の潜在能力というのはどんな人であっても無限なのです。これは真理です。

そのことを知らずに逆に自己限定して「そんな無謀なことをやって失敗したら大変だ」とか「無理すると体を壊すよ」などと言って、自分の本来持てる能力を出さないでいるのは大変もったいないことです。もったいないどころか、それは本当の自分の死を意味します。自己限定や固定観念は、あなたの天命を生かすことのないぬるま湯ゾーンです。本気とは限界をつくらないこと、本当の自分を信じきって自由自在に自分を大切に生きることです。本気であれば、限界にぶつかってマイナスの現象があらわれたとしても、最終的には乗り越えて、乗り越えた時には革袋が大きくなってより体力、能力がついていくのです。

限界が来たと感じた時には、まず「ありがとうございます」をたくさん唱えてください。もし「ねばならない」で自分を縛っているとか、お金や出世欲に引っ張られて自分らしくないことをやろうとしているときには「ありがとう」の言霊がそのことを悟らせてくれるでしょう。それさえなければ「必ずできる!やる!」と決めることが大切です。「できるだけやってみよう」ではなく「やる」と決めるのです。この決意する力がその人の持つ人間力です。「本気で決めたことは必ずできる」というのは真理です。

私はあるボランティア団体で、工事のお手伝いをしていました。砂利をバケツに入れて運ぶ仕事を担当していたのです。最初のうちは、大きなバケツにスコップで砂利をいれるのも重くてうまくいかず、必死でした。また疲れてくると力が入らず、スコップから砂利がこぼれてなかなかバケツ一杯にならないのです。次に砂利が入ったバケツを運ぶのですが、これも最初は普段力仕事などしない私にはバケツが重すぎて持ち上がらず、引きずってやっとの思いで運んでいました。

必死で力を出したお蔭で慣れてきて、午後からは何とか持ち上げ約5メートルくらいの距離を運べるようになりました。しかし、これはまだ私にとって100%ではありません。努力をしている段階です。100%体力を使い切ったら倒れこむはず、しかし大変疲れはしましたが倒れてはいません。

5日目くらいに現地に足を運んだ時には、いよいよ大急ぎの突貫工事の状態でした。いつもなら、朝7時頃から作業が始まって、昼の12時には1時間のお昼の食事休憩があったのですが、なんとその日は休憩もなく、作業場の傍らにおにぎりとおかずが運ばれ、15分くらいで急いで食べ、すぐに作業に戻らなければなりませんでした。自ら進んで来ている人たちばかりでしたので、みんな一生懸命です。私も、生まれてこの方、こんなに長時間、こんなに力を振り絞ったことはないというくらい頑張ったのです。

一点集中で重いバケツを「ヨイショ」と掛け声をかけつつ心の中では「ありがとうございます」を唱えながら運んでいました。「ありがとうございます」を唱えつつ作業していると、もうダメかなと思ったときでもまた力が出てきて頑張れます。しかし朝の7時から始めて休憩なしで頑張り、夕方の4時頃になるととうとう限界が来たようで、ふーっと意識が薄れて目の前が真っ白になり、時々足がもつれて倒れそうになります。とうとう100%体力を使いきったようです。

しかし「もうダメ」とはっきりと自覚したその時です。私よりずっと若くて、一見お嬢様風のか弱そうな女性が、バケツを両手に2個持って運んでいるところが目に入ったのです。衝撃でした。次の瞬間、私は「エーっ、あんな若い女性が？ よしっ！ 私も2個ずつ運ぼう‼」と決意しました。5日間1個のバケツを持って運ぶのがやっとだったのに、私は倒れる寸前の状態でバケツを両手に2つ持って運びはじめました。でも、なんと驚いたことに1つのバケツを持っていた時よりもずっと軽いのです。軽々とどんどん運べるではありませんか。

そして、夕刻6時までの2時間、ずっと2個ずつ運び続け、それでもまだ力が余っていた私は、その日最後の一人になっても作業場の後片付け、機材の整理などの作業を黙々とこなしたのです。とても爽快で、体が宙に浮いたように軽く、大きな幸せ感と充実感に満たされてボランティアの仕事を終えることができました。

その日、「2個持つ」と決めた瞬間に私の限界が破れ、私の革袋は2倍以上の容量に膨らみました。その直前は倒れかけてリタイヤを迫られていたのに……。それ以来、時々同じボランティアに行きますが、今ではいつも2個のバケツを運んでいます。

人間の力というのは、体力にせよ、知力にせよ、どんなものでも決めたとおりになるというのが、宇宙に存在する絶対法則なのです。自分を信じきり「やる」と決めた時に、本当の自分、自分の本気が動き始めるのです。

もしも決めたことが自分ひとりでやるには物理的に無理な場合には、タイミングよく助っ人があらわれたり、他に良い方法があるとの情報が入ったりして、結局は決めたとおりのことが成し遂げられます。

また人間というのは、絶対無理なことを、やりたい、なりたいと本気で憧れることはありません。私がこの年で今までやったことのないシンクロナイズド・スイミングで金メダルを取りたいとか政治家になりたいと、本気で憧れることはないということです。強い憧れを継続して持っているということは「分」があること、つまり決意次第で、革袋を伸ばしてゆくことで、いつか必ず可能になることだからこそ、本気で「やる」と思えるのです。だから安心して決意して革袋をどんどん膨らませ、可能性を楽しみましょう。それが、自分を信じることであり、成長です。

ただし、いやいや限界を超えることをやっていたら、体を壊したり、うつ病になってしまいます。「本当の持ち」だから「本気」なのです。お金のため、出世のためではなく、「素直な本当の自分の気持ち」にそって生きるということが、本気で生きるということです。

また、人によっては「こんな仕事、本気を出すまでもない」と決めてかかっている人がいますが、それは大きな間違いです。

どんなささいな仕事でも、本気で、限界を超えて取り組む価値があるのです。その価値を見つけることこそが天命へのプロセスであり、また天命そのものです。

社運を賭けたプロジェクトの企画を立てる仕事、必要な材料を運ぶ仕事、会議の資料を作る仕事、会議室にお茶を運ぶ、お客様の応対など、どんな仕事でも本気で取り組んでいる人と、そうでない人とでは大きな差が出ます。

会議の資料を作るときに、決まりきったフォーマットに当てはめて、コピーをするだけでも仕事をこなしたことになるかもしれません。しかし、会議に出席した経験のある人に話を聴いて、より使いやすい資料、話し合いの進行をよりスムーズにする、どんな人にもわかりやすい資料とはどんなものかを考え、創意工夫して作る、場合によっては資料を1つにまとめたほうがいいのか、それとも2つか3つに分けたほうがいいかなど、本気になれば考えるポイントはいくらでもあります。

有名な逸話で、石田光成が佐吉と言う幼名でお寺に奉公していた時、鷹狩りに興じていた織田信長が寺に寄り、汗が吹き出て真っ赤な顔をした信長が「茶を所望いたす」と言ったところ、佐吉は1杯目は大きな器にぬるめのお茶を8分目入れて差し出した。のどが渇いていた信長はがぶがぶとおいしそうに飲み干し「もう1杯」と言う。佐吉は少し小振りのお茶碗にやや熱めのお茶を入れ、さらに3杯目を要望されると上等の小さな器に熱々のおいしいお茶を入れて差し出したといいます。この本気で仕事をする少年を信長は連れて帰って家来として取り立てたのです。彼はまさに本気で相手を思いやり、仕事をしたのです。仕事とは事に仕えると書きます。仕えるとは真心をもって行き届くことです。それが本気で事に仕えて仕事になったのです。自分の本気が入っていない仕事は作業、どんな下っ端のやる作業であっても自分の真心、本気を持ってあたったら仕事なのです。あなたは作業者ですか？　それとも仕事人でしょうか？

また松下幸之助さんが、大阪電灯会社で働いていた時のことです。ある真夏の日、下寺町のお寺へ電灯の取り付けに行きました。本堂の隅の天井板をめくって上がると真っ暗で、しかも屋根が真夏の太陽のせいで焼けていてむっとする熱気です。その上歩くたびに2百年分のほこりが煙のように舞い上がります。汗は滝のように流れ、息は苦しい中で作業に取り掛かります。しかし、若い幸之助さんは電線を引くことに大変興味があって、作業に没頭すると、ほこりも流れる汗も息苦しさも忘れてしまい、1時間の時が流れます。

そして、やっと下の部屋に戻った時、そこは別天地、天国と思えたそうです。とても涼しく、空気が気持ちよく、ほこりも立ちません。言うに言われぬほどの爽やかさを味わい、喜びと幸福感にみたされます。天井へ上がるまでは、暑い暑いと思っていたその同じところが、とても気持ちよく涼しいわけです。暑さ、寒さだけではなく、人間は本気になったとき、困難や苦しさを忘れることが出来ます。そしてそれをやり終えた後、非常にありがたくて、嬉しい。若い幸之助さんが「本気」を学んだ配線工事だったのです。その後も苦しいことを体験するたびに、この思いを新たにしていったといいます。

本気で暑さを超える、それは人間としては我慢の限界を超えていたのですが、本気はそれを乗り越えさせてくれるのです。我慢はストレスの元であり、本気とは違います。もし幸之助氏が我慢をしていたら、たちどころに熱中症で倒れていたでしょう。

「無理は禁物」などというばかげた自己限定を掴むと、一生自由をなくして生きることになります。当然運は落ちます。だから人生は苦しい戦いの連続と化すのです。やっていることは全く同じでも、本気と我慢は天国と地獄の差があるのです。

毎日の仕事は天から与えられた、すばらしい革袋の容量アップ、つまり能力アップのための研修です。幸之助氏の人生はこの研修の連続だったのですね。お給料をもらうどころか月謝を払うべきものです。それに対して感謝すると、その職場が現実的（3次元レベル）では、どんなに過酷で苦しいものであっても、そのままそこが天国に変わるのです。本気になった人だけが味わえる素敵な魔法です。

どんな仕事でも、中途半端にやっていてはおもしろくありません。仕事の価値や本当のおもしろさは、本気になったとき、本気になった人だけがわかるものです。そして人生そのものがゲームのように自由でおもしろくなるのです。

また本気になるというのは、責任を取るということでもあります。それは会社や上司が与えてきた責任ではなく、自らが自由意志で取るもの、それが天命へと自分を導いてくれるのです。会社や上司から与えられた責任を果たしている時は、自由がなく奴隷の状態で、働くことは苦しいばかりです。

上司が与えてきた以上に大きな責任を自主的に取っていくと、取った責任の大きさに応じて自由になるのです。仕事は、自由に仕事したときにだけ楽しくなる性質の物です。もちろん会社も本気の人にはどんどん権限を与えて、制限を少なくしてくるでしょう。言われた以上の責任を先に取って言われた以上の成果を上げる人ですから。

たとえば、あなたが、ファミリーレストランのウェイターのアルバイトをしていたとしましょう。

もしあなたが、コーヒーをこぼさず客席に運ぶことに責任を取っていたとしたら、笑顔のない接客でマニュアルどおりの接客用語をぶっきらぼうに言ったとしても、自分自身に何の疑問も持たないに違いありません。むしろ「こんな少ない休憩じゃ疲れて笑顔なんてでるわけがないわ」と思うかもしれません。

しかしもしあなたが、お客様がおいしくコーヒーを飲んでいただくことに責任を取ろうとしていたらどうでしょう。好みの味のコーヒーに調整していただくために、大きなテーブルの真ん中においてあるお砂糖やコーヒーフレッシュをお客様の手の届くところにまで引き寄せるにちがいありません。

そしてさらに、一人ひとりのお客様が、この店で過ごす時間が心地よい時間になるように責任を取ろうと思って働いていたらどうでしょう。

たとえば、その頃、私はよく夜中にファミリーレストランにパソコンをもちこみ、本の原稿を書いていました。毎晩のように訪れる私を、その店のウェイトレスさんは覚えていてくださって、「いつものお席、空いていますよ」と声かけてくださるようになりました。私も彼女がいるとなんともホッとした気分になりました。ある日、「ごめんなさい！今日はこちらへどうぞ」と、いつも座る隅っこの定席とは違う席に案内されました。いつもの席のお隣に子連れのお客様がいらして賑やかで、集中して原稿が書けない状態だったからです。

またいつもは比較的レストランが空いている時間に訪れる私が、ピークタイムに訪れた時には、いつもの4人がけの席は空いていたのですが、「今日は混んでいますので、今日はこちらでよろしゅうございますか？空いてきましたらすぐいつもの静かなお席に変わっていただきます。申し訳ありません」とにっこりするそのウェイトレスさんは、私の原稿がはかどり、私の人生の幸せ度のアップにも責任をもって対処し、同時に続いてご来店されるだろうお客様が待たずに座っていただけるようにも責任を取っています。さらに店長が負っているに違いない売上ノルマに対しても、自分も責任を受け持って判断し動いているのです。

その店の教育やマニュアルにそのような動き方が逐一示してあるわけではありません。私はその店の店長さんからでさえも、そのような気配りを受けたことはないのです。しばらくしてそのウェイトレスさんの姿が見えなくなったので聴いてみると、彼女は本部の教育担当に抜擢されて生き生きと楽しく仕事をしているそうです。聴くところによると、私には見えないところでも、店の仲間が心地よく働けるようにいろいろな気配りしていたのだそうです。

高校中退の彼女が社則に反してまで本部の社員として迎えられて、大卒の人々に混じって、与えられる以上の責任を取り、社会のためにいい店をつくる、また縁あって働く社員やアルバイターが幸せな人生を送れるよう、成長できる職場を作る責任者は自分だと思い働いているに違いありません。もちろん上司に見る目がなければ、彼女のような働きがつぶされたり足を引っ張られることも、現実社会ではあるでしょう。ただそれは、心の奥にある自身の自信のなさの結果であるか、逆にもっと波動の良い職場に自然に導かれる前兆であるかのどちらかです。

前者であれば、隠れた自分のマイナスに気づき、そのマイナスが消えてゆくプロセスなのです。自分に与えられた理不尽な待遇は、必ず好転反応でマイナスが消えていく時に起こることですから、喜んで受け取ればいいのです。

コツはマイナスが起きた時そのマイナスを「ありがとうございます」で受け止め、湧き上がる怒りや辛さは「ありがとうございます」の中に放りこむと、高温で燃え尽き跡形なく消えてしまうのです。たくさんの方が経験していることなので安心してやってみてください。

そんなことにめげずに、どんどん責任の先取りをしてゆきましょう。ただし自分が本気で働くことによって、周りの人のプライドを傷つけないように配慮することが大切です。

松下幸之助氏の13歳の頃のお話ですが、自転車屋の丁稚として働いていた頃、先輩のように自分も自転車を売ってみたいと思い、先輩の一挙一動をお掃除をしながら一生懸命観察していました。その頃自転車と言えば今の車並みの高価で貴重なものだったのです。

あるとき蚊帳問屋から自転車を買いたいから現物を見たいと電話が入ったのですが、あいにく他の店員はみんな出払っています。主人は丁稚の幸之助氏に、「お急ぎのようだから、おまえこの自転車を持っていっておいで」と言います。チャンス到来、幸之助氏は一生懸命覚えた説明をします。13歳の子どもが熱心に説明するのを聴いていて「なかなか熱心なかわいいぼんさんやなあ。よし買うてやろ。そのかわり1割まけとき」といわれます。「ありがとうございます。よろしおま。店に帰ってそう言います」と言って、意気揚々と帰ります。先輩たちが1割はまけていたのを知っていたからです。

ところが、かえって主人に報告すると「何でいっぺんに1割引くんや。5分引く話はあっても1割はあらへん。5分だけ引くと言うてこい」と叱られます。要するに駆け引きを教えられたのですね。ところが幸之助氏は、一度1割引くと約束してきたわけで、何とか1割負けてあげてくれと言って引かないのです。彼はしくしく泣き出してしまいます。これには主人も面食らい、「お前はどっちの店員や?」と言います。

そこへ「返事遅いが、まかりまへんか」と蚊帳問屋の番頭さんがやってきます。事情を聴いた蚊帳問屋の主人は「わかった。そのぼんさんに免じて5分引きで買ってやろう。その小僧さんがいる間は、お前のところから自転車を買おう」と約束したのです。幸之助氏はまだ丁稚で売上げに責任を持たされる前から、店員としての自覚と責任を取り、まける約束を責任を持って決断し、また商人としてその約束を守り、お客様に喜んでいただくことへの責任を取っていたのです。

責任をどんどん先取りする人は、自分の上司の持っている役職上の責任をも先取りして自分が主任、課長のつもりで動こうとすると、どうすれば上司がその責任を全うできるか、何をどうして欲しいかが分かるのです。ある時はちょっとした気配りが出来るし、ある時にはその課としての大きな仕事が成し遂げられ、課長は部下の成し遂げた仕事のお蔭で組織内で鼻高々でしょう。

そして自分が社長ならどう働きどういう教育をして欲しいだろうと考え、いずれ社長の仕事の責任を取っていくにちがいありません。責任を取るとは「できるだけやってみよう」

ではなく、「やる」と決まっているその目標のために、どうすれば出来るのかを限界を超えてとことんやるということです。上司の責任を取っていくということは、当然自分のその時の力量を超えるわけですから、100％を超えて考え抜き能力を養い発揮するということです。もちろん、失敗する可能性は大いにある中で上司に提案するのですから、全責任を取る覚悟はできていなければできません。その結果、見通しを立てる力、提案をするときの持って生き方、プレゼンテーションの力、仕事そのものを遂行する時の能力が伸び、コツがつかめるのです。

できるところまでやろうでは、天命に向かって自分の力量をぐんぐん伸ばしてゆくというプロセスを歩むことは出来ません。方法が見つかるまで、やれるまでとことん考え続けるということです。体力的限界であれ、能力的限界であれ、場合によっては自分が、または誰もがやったことのない方法を取ることです。社則が立ちはだかってできない時には不思議に社則が変わるかもしれないし、社則の中で出来るよいアイディアが浮かぶかもしれないし、自分の権限内では決済できないことでも上司が味方について動いてくれるかもしれません。

やると決めた人間の意識のエネルギーというのは、岩をも通す力があります。これは何も特別な人が持つ力ではなく、誰でもその気になればすぐに持てる力なのです。意識のパワーは3次元を超える力なので、不思議現象も起きてしまうのです。これは宇宙の絶対法則ですから、本気にさえなれば、誰であっても、どんな不可能でも超えてしまいます。

１００％を超えた部分が天職への方向を教えてくれ、引っ張ってくれます。組織で働く場合、普通は、仕事の分担や職責、権限が決まっています。専門的能力や大きな権限、創造性を発揮できるといったやりがいのあるポストが、始めから用意されていることは少ないのです。だから会社が与えてくれた範囲の働きをしている分には、自分の可能性はそれほど広がらないものです。組織に縛られて動くことになるからです。すると相変わらず自分は何に向いているのか、どんな個性があってどう生きてくるのかなど分かりません。少し得意、不得意分野が分かる程度でしょう。

テイクではなく１００％ギブの価値観、つまり微塵も求める心のない与え尽くすだけの愛をもって仕事をすると、立場や権限を超えてギブの好循環が起きてきます。運が良くなる社会システムはテイクの取り合いではなく、与える、与えられたら受ける、受けたらそれをまた与え返す、この循環です。そこには大きく責任を取ることが必須条件です。与えられた以上の責任を取った時、ギブの力が発揮できます。給料分、与えられた責任分の仕事ではテイクの生き方なのです。

第一ステップの笑顔と感謝法、第二ステップの１００％を超える、この2つによって、必ず天命・天職はあなたに近づいているはずです。

天命・転職に出会うための３つのステップ　その３　流れ

第三ステップとして起きてくるのが、不思議な流れです。天職の方向に動くための縁がやってくるのです。

先にご紹介したウェイトレスさんの場合は、本部の教育担当にというチャンスがやってきたというのが「流れ」です。流れとは人や物事との出会い、つまり縁に導かれ引かれるエネルギー、まさに流れとしか言いようのないものです。きっと人智を超えたものの計らいなのでしょう。見事に天命を生きておられる諸先生方の自伝などを読んでみると、必ずその「流れ」が起き、直感でその流れにスッと乗った、その後に天命に気づいておられる、これは定石なのです。

流れに乗ることで、天職、天命に一歩も二歩も近づくのです。天命へと導かれてゆく流れです。「こういう時期にこういう縁ができるということは、またはこういうことが起きるということは、不思議な力によってこっちの方向にいくように誘われているのだな」といった感覚があるのです。流れ着いた先は、なるほどこういう役割を果たすためにここへきたのか、と言いたくなるような、必要必然を感じるものです。

私が離婚後セールス体験をした時にも、その流れは起きました。会社のある梅田の地下鉄の改札を出たところで、OL時代の2年先輩に十数年ぶりで、ひょっこり出会ったのです。あまりに久しぶりで懐かしく声をかけて近況を報告しあいました。私は「離婚して今セールスをしていて、結構苦労しているんです」と本音を伝えました。彼女は「○○会社の接客のための社員教育のインストラクターをやっているの」とおっしゃるではありませんか。「私、そういう仕事が夢なんです。うらやましいなあ」と告げたところ、「インストラクターやりたいの？　じゃあ、この名刺をあげるからここに電話してごらん。インストラクター募集中と言っておられたから」と言って私に一枚に名刺を差し出しました。

そして、名刺の人に早速電話をすると、とんとん拍子に話がまとまったのです。実は名刺をもらったその直後に、別のルートからもう一件、接客のインストラクターの募集の声がかかっていました。もう明らかにこれは「そちらの方に進みなさい」という流れです。願ってもない縁で、両方の社長さんに出会い、お話を伺って自分に合うと思うほうに就職をさせていただきました。これも、セールスの仕事の中で、私が自分の限界を超えた時に起きた流れ、縁だと思います。

さらに何度かの出会い、ご縁をいただき、流れにのって社員研修の接客指導の仕事を卒業し、笑顔セラピーへとスライドしていって、笑顔とありがとうを伝えるのが私の天命であると感じている今です。私だけでなく多くの方がこのような不思議な縁＝流れを経て、天命へと導かれていったに違いありません。

縁というのは、本当に不思議にタイムリーに、スーッと目の前にあらわれるもののようです。

ただし、一つ気を付けてほしいのは、流れがやってきたとき流れに乗るかどうかは、理性的に判断しないで直感によって判断することが大切です。理性的に判断するとは計算をすることです。特にどちらが収入が多いか、どちらが有利か、どちらが出世できるかなど、欲に照らして計算をすると、流れに乗れません。

でもそんな時、直感が正しいかどうか不安ですよね。大丈夫です。感謝行は素晴らしい直感をもたらして、天命の方へと導いてくれます。そういう時こそ、無心に感謝行に徹しましょう。

マイナスの中で思い切って気持ちを切り替え、前向きに本気で取り組んでみたら、思わぬ好機がやってきて、その後の展開に大きな影響を与え、人生が大きく変わったという体験をしたり、聴いたりしたことはないでしょうか。

私が接客講座のインストラクターになりたての頃です。この仕事で成長していくためには、話が上手にならなければいけないと考えていました。そんなとき、新聞の「結婚式の司会のコツを教えるセミナー」という小さな広報に気づきました。料金は５００円と割安です。私は司会者としてのコツも参考になるかもと思い軽い気持ちで参加したのですが、転機となったのはセミナーを主催する人たちとの出会いでした。

主催の方々は、ボランティア活動でもないし、宗教活動でもないし、ビジネスでもないという、正直言って訳のわからない団体でした。しかし、集まっている人たちとのご縁に直感的に引き寄せられて、それ以後、私もそのグループの一員になり、顧問料がいただける仕事を断ってまで、ボランティアでそのグループのセミナーなどの受付や準備をお手伝いし始めたのです。その選択は、「このグループには何か私に必要なものがある」という私の直感です。母子家庭にとって定額収入の入る教育顧問というお仕事は魅力的、というよりも現実レベルで必要不可欠でした。しかし時間的に両方はできないとなった時、私は生活の安定よりも、そのボランティアの活動をとったのです。

そして、しばらく経ってそのグループで「世の中が暗いので何か明るくなることをやろう」ということになり「笑顔教室」という企画が持ち上がりました。こうして笑顔教室が誕生し、接客教育講師の私が内容を作ることになり、やがて笑顔セラピーと改名して現在まで育ててきたのです。

このグループに出会ってなければ、またはその時必要な収入を選んでいれば、笑顔セラピーは生まれていませんでした。本当に幸運だったなあと思います。またこのグループのメンバーによって、真理の世界への入門の手ほどきを受けたのです。もしこのグループに出会えてなければ私は、心理学だけに頼ってセミナーをやっていたので、言霊の力にも気づかなかったし、感謝法も編み出せなかったに違いありません。

この一連の出来事は、幸運の流れがやってきたとしか表現できないのです。ただじっと待っていたことによって訪れた幸運の流れではありません。セールスの仕事に本気になれず、売れないセールスマンでセールスの会社を辞めて暗い顔をして過ごしていたら、この幸運は訪れなかっただろうという確信があります。

あなたもまず限界を破り、100%をこえてやり抜き、そして次のステップへのご縁がやってきたら、直感をしっかり働かせてそのチャンスを逃さずつかむのです。

笑顔と感謝行、そして本気になって限界（100%）を超える、このステップをしっかり踏んでいれば、必ず流れが起こってきます。何事かとの遭遇、または誰かとの縁ができるのです。

このとき注意してほしいのは、流れを起こすために、第一、第二ステップを踏むわけではないということです。もし、そう考えていたら、「はやく流れが起こらないかな」「なんで、私にはなかなか起こらないんだろう」と思ってしまうでしょう。

こんなふうに求める気持ちを起こし、マイナス波動になってしまったら、運氣はたちまち下がってしまいます。そうならないためには、純粋な気持ちでただひたすら笑顔と「ありがとうございます」を続け本気になること、そうすれば絶対に大丈夫です。

感謝は天命に出会うための必須条件

松下幸之助氏は、感謝の気持ちを根底に持って経営をしたからこそ、立派な経営が出来て世界の松下（現パナソニック）になったのです。

昭和39年厳しい不況の中、幸之助氏は熱海のホテルで松下電器系列の販売店170社の責任者を招いて、その実情把握のために懇談会を開きました。フタを明けると案の定不満と非難の声が異口同音に発せられました。「うちは松下のものだけしか扱っていない。それで赤字つづきで大損をしている。どうしてくれるんだ」「うちは親の代から松下の代理店をやっているのに赤字ばかり、松下はどう責任をとってくれるのか」と2日目、3日目も不満ばかり、幸之助氏も反論しました。「赤字を出すのは、やはりその会社の経営の仕方が間違えているからだと思います。皆さんは松下電器に甘えている部分がありませんか？」

しかし、議論は平行線のままで、何の結論もでませんでした。そこで幸之助氏は静かにお互いの言い分を振り返りました。そして演壇から静かに語りかけたのです。「皆さんが言われる不平、不満は一面もっともです。よく考えてみますと松下電器が悪いのです。皆さんに対するお世話の仕方が不十分でした。不況なら不況で乗り越える道はあったはず、それが出来なかったのは、松下電器の落ち度です。本当に申し訳ありません。今昔のことを思いだしました。松下電器で電球を作って売りにいった時、「今は幕下でも将来は横綱になってみせます。どうかこの電球を売ってください」こうお願いして歩きました。「君がそこまで言うならば、売ってあげよう」と言って、売ってくださいました。そのお蔭で松下の電球は一足飛びに横綱になりました。そういうことを考えると、松下電器が今日あるのは、皆様方のお蔭です。ありがとうございます。私どもは一言も文句を言える義理はないのです。これからは心を入れ替えて出直します」そう話しているうちに、松下幸之助氏は目頭が厚くなり涙ぐみ絶句してしまいました。

会場もいつしか大半の人はハンカチで目を押さえていました。こうして懇談会は、感動の内に幕を閉じたのです。そして販売会社、代理店、松下電器は、お互いに気を引き締めあい、松下電器は幸之助氏を中心に新たな販売体制を作り直し、その新体制が出来て1年後事態は好転したのです。

また会長から相談役に就任した時、感想を求められた幸之助氏は、「55年よくやってこれて、私としては結構なありがたいことだと思います。また自分ながら良くやったなと、こう……自分の頭をなでてやりたいような気持ちです」と自分と社会への感謝を述べておられ、また60周年の経営方針発表会では、「3人から始まった松下電器が15万人になった。これだけの仕事をしてくださった皆さんにお礼申し上げます。ありがとうございます」と演壇から歩み出て三度深々と頭を下げ、社員たちに感謝の気持ちを表明し、大きな感動を与えておられるのです。

幸之助氏は社長の役割について、「会社が小さい間は率先垂範、会社が巨大になると社長は社員を拝むのがその使命である」と述べておられます。また商売のコツの一つとして「買わなかったお客様の後姿を拝めるようになること」とも言っておられることを見ても、経営者の一番の条件は「感謝」この一語に尽きるのです。つまり天命使命を生きるとは、悪条件であれ、好環境であれ、周りの人々や環境条件に感謝し続けることです。

とはいえ、辛い状況でもがいている時に真心から感謝することは、なかなか難しいものです。だから感謝法で、まず形から「ありがとうございます」と唱え続けることで、言霊パワーが働き、心の奥の感謝を呼びだすことができるのです。また笑顔を作ることでさらにプラスの波動になり、プラスのエネルギーをまわりに伝播してゆく必要があるのです。たとえば会社が苦しい状況のなかで社長がにっこりしていてこそ、部下は安心して力を発揮できます。まさに責任者は笑顔で高波動を撒き散らす責任者です。

このように、笑顔と感謝を持ち続けつつ、必要な道は示されることを信じて、いいえ、もうすでに自分にぴったりの道を歩んでいるんだと信じて本気で取り組んでみましょう。

その先について、何も心配する必要はありません。流れに乗って感謝して流されてゆけば、必ず自分が何をするために生まれてきたのかが、早晩わかる時がやってくるのですから。

第5章

運の良くなる
ギブの生き方に変わるコツ

大自然と調和するギブの生き方

大自然は、私たちが生きるためのすべてを与え続けてくれています。しかし、普段の暮らしの中で、私たちはそのことをすっかり忘れています。

まず、精子と卵子が合体して私たちの命は生まれたのですが、これは大自然の摂理によるものです。私たち人間は命をつくるため男と女が愛し合うという行為は出来ますが、命そのものをつくることはできません。酸素を吸って生きていますが、酸素は無限に供給されています。また太陽が照らなければ、私たちは生きられませんね。食物もなくなります。野菜も肉も酸素と二酸化炭素、太陽と水がなければ、育たないのです。水だって水道局が作っているわけではなく、大自然の中に無料で供給されているものです。

野菜は種から葉が育ち実になってまた種が出来て、無限に供給されていくのです。海老だって鯛だって鰯だって同じです。鯛が「私を1000円で買って」と正札をつけて泳いでいるわけはないのです。すべてもとは無料で、無限に与えられているのです。

酸素と二酸化炭素と窒素など、空気の組成成分の割合は、いつもぴったり同じです。もしほんの少し変化しても、私たちは生きていけなくなってしまいます。酸素が足りないと息が苦しくなって高山病になるし、多すぎると木と木が擦れただけで発火してしまい、火が消えなくなってあっという間に地球は丸焼けになってしまいます。

食べ物や水をお金で買うのは、その大自然の恵みを社会の中で流通させるために生まれたシステムであるというだけで、お金がなくても大自然の摂理に戻れば豊かに生きられるのです。この原点を忘れると、どんどん真理から外れて根っこが枯れてゆきます。人間だけが実や花をよりたくさんつけたがるわけですから、ますます根っこは枯れて、運が悪くなってゆくのです。

私たちが生きるための必要条件を、一部の狂いもなくいつもぴったりのタイミングでぴったりの質と量で与え続けてくれているのが大自然なのです。

人生をレンタカーに乗って旅をしている状態にたとえると、すべて自動制御の最高レベルの高級車を無料で死ぬまで貸してもらっているようなものです。それが人間の身体です。息一つとっても、自分で吐いて吸ってと頑張っているわけではなく、自然に呼吸させてもらい、食べた時も、自分で一生懸命消化し頑張って必要な栄養素を吸収しているのではありません。すべて自動で行われているのです。もし体に悪いものが体内にあれば、これも自動で下痢とか膿となって出ていくし、戦いが必要なら熱を上げて戦ってくれます。自然治癒力がなければ、人間なんてすぐにもろくも死にいたってしまうでしょう。この車に必要なオイルもガソリンも無料供給です。それが野菜や魚、酸素にお水などです。

なんとありがたいことでしょう。しかし現代人はそれに対して、大した感謝をするわけでもありません。

このレンタカーの運転はすべて借主に一任されていて、どこへどんなスピードで行くのも自由なのです。大自然、つまり神様は人間に自由なる意思を与えたのです。「自由に自分の好きな人生を送りなさい。生きるに必要なものはすべて与えてあるよ」というわけです。

運転の方法は笑顔をつくること、呼吸を変えること（呼吸法）、そして言葉（＋イメージ）です。これらは動物たちには出来ないことばかりです。人間だけが言葉とイメージで成り立つ意識を与えられた、つまり宿命以外に運命を与えてもらっているのです。宿命とは自分で変えられないものですが、運命は自分で変えられます。動物は宿命だけ、人間は宿命もありますが、運命を与えられているのです。

大自然に調和した生き方でなければ、うまくいかないのは当然です。私たち自身が大自然そのものの命であり、大自然によって生かされているのですから、大自然と不調和では、うまくいくはずがありません

この大自然の法則、つまり真理にもとづいて生きなければ運が悪くなるわけです。この大自然の法則は、ギブが基本です。だから人間もギブの精神を持って生きていかなければ不調和が起きる、つまりとても運氣が落ちるのです。大自然の流れ、ギブの方向に流れる順流に乗るのです。今人類は逆流になってしまっているので、本当に大変な状況です。

「ありがとうございます」は順流に乗るための言霊です。順流に乗って暮らしていると、

ごく自然に感謝が生まれ愛に生き、恩返しをするために生まれてきたことがわかります。

昔の土着の民族は、祭りを頻繁に行っていましたが、祭りによって神様、つまり大自然に感謝して、大自然の実りや自身の命を常に受けなおしていたのです。どこの国にも地域にも独自の祭りがあります。昔の人々は特定の宗教を持たずとも、自然に神なる存在に気づいていて、神に感謝することで、人間は幸せに生かされるということがわかっていたのです。

天地の恵みを受けること、それが「ありがとうございます」という言霊なのです。受けることがとても大事です。そして、受けたら受けた恵み（エネルギー）をもとにして天命を通して新たなエネルギー（商品やサービスなど）を生み出し、それを人々にギブすることであり、ビジネスや仕事はそのギブをするためのものなのです。

現代人にとっては、どれだけのお米が収穫でき、どのくらいの漁獲量をあげられるか、石油の埋蔵量はどれくらいあるか、そしてそれらがいくらに売れるかがビジネスや仕事の目的になってしまっています。そして、一人ひとりは事業でどれだけお金を稼ぐことができるか、自分がどれだけのお給料を稼ぐことが出来るのかを目的にしています。このように自然に逆行して生きると、不安との戦い、緊張の連続となるのは当然のことです。

社内の仲間や上司にも、ギブ&ギブでいきましょう。それでなくても指導を受けたり、フォローをしてもらったり、たくさんのパワーをいただいているのです。しっかりと能力磨きをしてお返ししなければ、貸し方と借り方のバランスが崩れ、テイクになってしまって運氣が落ちてしまいます。

一生懸命ギブの意識で働いていると、社会に貢献できて収益が上がり、給与が支給されます。それをありがたく受け取るのです。

就職口を決めるときも、給与や会社の知名度など条件で決める人はテイクの意識ですから、運氣が落ちるだけではなく、一生欲する条件を満たすために大切な時間を使い果たして条件に縛られて生きることになります。

条件はお任せしておくことです。条件ではなく縁を重視して仕事を選ぶことです。すると天命に一歩近づくことになります。目の前にある仕事が大切な縁です。今ここでかかわっているお仕事です。それをギブの精神で本気でやっていると、自然に目の前の仕事や目の前のご縁を通じて、次のご縁が生まれてくるのです。

次の縁へつながるきっかけはいろいろで、紹介もあれば要請を受けて別のお仕事に変わることもあるでしょうし、直感が働いて仕事を変えるかもしれません。このときにも、決して欲を基準にした条件で仕事を変えないこと、そうしないと天命から外れてしまうのです。

これは有名なお話ですのでご存じの方も多いと思いますが、太閤秀吉が織田信長に仕えた時の最初の仕事は下足番でした。彼は寒い冬の日に草履を履くご主人のお御足が冷たかろうと、草履を懐に入れて温めておいたといいます。それを認められて出世、次に馬屋番の仕事につき、ご主人さまが夜中など突然の外出で「馬をもてー！」と命令が下った時に素早く馬を用意出来るように、馬小屋で寝ていたといいます。このようにしてどんどん出世して最後は天下を収める立場にまで登りつめたのです。

出世の真因は目の前の仕事の縁を真剣に生きていたことです。

縁というのは、波動同調の法則で結ばれたもの同志の出会いです。だから前提として、まず自分の波動を上げておく必要があります。そのためには、神様が人間だけに用意してくださった笑顔と「ありがとうございます」で生きることです。波動の低い人は、マイナスで結ばれる縁になってしまうからです。

しかし、低い波動で結ばれた縁で、どんなに自分に分が悪くマイナスであっても、その状態やマイナスを与えた相手を「ありがとうございます」で受け取っていると、一挙にプラスの縁に変わっていくので決して心配ありません。自分にきつい人、理不尽なことほど、ありがとうで受け取ればいいのです。「クソッ、ありがとうございます」でＯＫ、一般には落ち込むところですが、このように受け取れるととても楽で、しかも落ち着いていられますよ。

テイクで成り立つ社会をギブで生きるには

今の社会においてギブの精神で生きるには、相当の強い意識が必要です。

不安から逃れたいからたくさんのお金を持っていたい、上司や同僚に認められたい、取引先には契約してもらいたい、好きな人に愛されたい、友人に親切にしてもらいたい、良い家に住みたい、かっこいい車や服を所有したい、おいしい物を食べたい、旅行へ行きたい、果ては、面白おかしい暮らしをしたい、楽をしたい、などなど……。際限なく欲望が顔をだします。

その上現代社会は競争原理で動いているから、社会人である我々は、あっという間にその流れに巻き込まれて逆流に流されてしまうのです。そうすると、過酷な競争の中に投げ込まれ、自分も勝ち抜きたいという欲望に取り込まれ、自らの欲望に自らががんじがらめに縛られて嫉妬や焦りの気持ちが湧き出てストレスいっぱいになってしまいます。

そういえば、子供の頃から良い成績を取り、良い学校に行き、たくさんの友達に好かれるように……といった具合に、競争して勝つことを目標に頑張ることが、やる気のある前向きな生き方だと教えられてきましたよね。

人間は、四六時中テイクについて考え悩み行動しているようなところがある……というと言い過ぎでしょうか？

大自然の法則に逆流することはすべてマイナスであり、不徳をつむ、つまり心の借金を増やすことになり、遅かれ早かれ人生に七難八苦があらわれてきます。これは例外のない宇宙の法則ですから、誰もこの法則に当てはまらずに生きることは出来ないのです。「これくらいはいいだろう」とか「みんなやっているんだから」とか「誰も知らないことだからばれるわけがない」などと、つい浅はかな考えが頭をもたげることがあります。

しかし、宇宙の法則は容赦なく、そして公平に誰の上にも降り注ぐのです。

お金があったり出世していたりして、それでいて幸せに暮らしている人がいらっしゃるとすれば、それは幸せそうに見せかけているだけで、内輪では相応の苦しみがあります。決してだまされてはいけません。これまで蓄えてきた、また両親などから受け継いだ徳の貯金をどんどん使い果たしていっている、そんなプロセスであり、時をおいて苦しみがやってくるのです。そんな方は、早く気づいて、ギブの生き方に一刻も早く戻って欲しいものです。

本当に幸せだとしたら、その方は社会にギブをたくさんした結果、必要な地位や権限やお金が回ってきて、またそれを社会に役立つように使っていく、そんな役割の方なのです。受けては与えて順流の循環を生きていらっしゃるのです。

「上司に認められたい」と思えば、同時に「上司に認められているだろうか」という不安も生じます。「相手に優しくしてほしい」と求めれば、優しくしてもらえなかったとき、「どうして、優しくしてくれないんだろう」と非難したくなるでしょう。

不安というマイナスの感情が沸き起こってくれば、運氣は下がります。マイナスの波動が、相手のマイナス感情を引き寄せて、余計なトラブルを起こす引き金となるかもしれません。

ギブに見せかけたテイクに気づいたら、感謝行で絶対愛を呼び出す

人間はギブの精神に見せかけてテイクの精神を出してしまいがちなので、大きな注意が必要です。このタイプはあなたの周囲にもたくさんいるはずです。

たとえば、とても人に気を遣う人がいます。いつも相手の気持ちを考えて「お先にどうぞ」と譲り、疲れることは「私がやります」と働き、プレゼントもするかもしれません。それなのに辛い人生を歩んでいる人を見たことがないでしょうか？　そんな時「正直者がバカをみる」と言いたくなります。

でも実はそういう人の心の底はギブではなく、気の小さなタイプのテイクなのです。気を遣い、優しくすることで、相手の好意を勝ち取って優しくしてもらおう、好かれよう、

また優位においてもらいたい、というわけです。いわば、親切、謙虚という仮面は体のいい賄賂かもしれません。

厳しいことを言いましたが、少しは誰でもこんな気持ちを内緒で持っているのではないでしょうか。

またエチケットやマナーを守るというと、いかにも社会正義であるかのようですが、もしマナーを守らないことで人から疎んじられたり、非難されることを避けるために、嫌われないために守っているマナーなら、それはテイクの社会を生き延びるために必要な道具になってしまっています。

子どもたちにそんな意味を込めた躾をしても、愛のある運のいい子にはならないでしょう。むしろ、いつも人の思惑を気にする辛い人生を強いているようなものです。その証拠に、中流、上流といわれる家庭のほうが子供の引きこもりや自殺やいじめの問題が多いようです。暮らしてゆくのがやっとという貧しい国の子供たちのほうが、不思議にそういう問題は少ないのです。

上司が喜ぶと思って、わかりやすい会議資料を作るというのも「上司が喜べば、自分の評価が上がる」という考えが入ってしまっているとすれば、テイクです。そう考えると、どれほどこの世の中がテイクの精神に支配されているか、いかにギブで生きることが難しいかが分かります。

また、ギブに見せたテイクで受けた親切や、物には、大きなマイナスエネルギーがついてきます。ここが大変危険なところです。うっかり親切にされて喜んでいたら、結局喜びより大きな苦難がやってきてしまうのです。世の中には、自分自身や他人に、良い人、意識の高い人であると認められたいという目的でボランティアをする人がいます。そんな人のボランティアや寄付には大きなマイナスエネルギーがくっついているので、受けたほうも出すほうもどんどん人生が重くなっていってしまいます。

ボランティアをするときに一番大切なのは、「させていただいて私が徳積みをさせていただきました。ありがとうございます」とお礼を言わなければならないということです。感謝されたくてやってしまう、そんな親切は大きなお世話であり、迷惑をかけているようなものです。だから昔から「陰徳をつむのが大事」と教えられてきたのです。テイクを求めてやるギブでは陰徳は積めません。

最近では、多くの企業が「お客様のため」を旗印に、CS（カスタマー・サティスファクション：顧客満足）を目指しています。しかし、本当に目指しているのが、お客様が満足して、またその企業の商品を買ってくれることならば、結局は、自分の利益を目指しているのです。

そもそも社会全体の仕組みがテイクで成り立っているので、このようにその一つひとつに文句を言っていてもキリがありません。しかし、本当のギブの精神を身につけることでしか、縛りのない自由自在で喜びいっぱいの人生はやってこないのです。

ギブに見せかけたテイクはダメなどと厳しいことを言うと、それでは良いこともうっかり出来ない、とため息をもらしてしまうのではないでしょうか。かくいう私も、正直なところ、完全なギブで生きているというにはまだまだ未熟です。完全なるギブを生きられる人というのは、悟った人でしょう。

でも、どうぞご心配なく！　笑顔セラピーは確実に運氣が上がる実践論のセミナーですから、ちゃんとそこの難しさを乗り越えて大きな徳（心の貯金）を増やす方法があるのです。

それが感謝行です。そういうときこそ感謝行が大きな力を発揮します。

下心を持ちつつ相手のために何かをやっていると感じたら、すかさず「ありがとうございます」を相手に伝え、同時に心の中でも「ありがとうございます」を唱え続けてください。いいえ、そう感じる前に「徳積みをさせていただいています。感謝します」というつもりで「ありがとうございます」と唱え続けてください。

「ありがとうございます」には「微塵も求める気持ちのない、必要なものを的確に与えつくすだけの愛の自分」という本当の自分、神なる自分を呼び出す言霊なのです。本当の自分は間違いなく純粋なる愛であり神なのです。

本当のプロはギブの精神で生きている

ギブの精神とは、人間が成長していくにつれて身につけていく能力でもあります。与えることができず、求めてばかりいるというのは、それだけ幼児性が強い証拠です。

その最たる例が赤ちゃんでしょう。

赤ちゃんは完全なるテイクを生きています。「ミルクが欲しい」「抱っこして欲しい」「おしめを替えて欲しい」など、自分の欲求をどんどん出してきます。このように、幼いうちは自分中心の世界を生きていて、「他人のことを」という発想自体がないのです。

しかし、大人になってくると、そんなことはしていられなくなります。自分勝手に要求ばかりして、テイクのみの精神で生きていれば、確実に嫌われてどこのコミュニティでも相手にされなくなり、仲間からはずされてしまいます、ギブ&テイクでなければ人間関係が作れないことを学ぶのです。

これが「ギブ&テイク」の状態です。ギブ&テイクというと、半分はギブをやっているように感じますが実態は違います。テイクをするためにギブが大事なのです。純粋なギブの精神とはほど遠いと言わざるを得ません。

私は新入社員研修を頼まれたとき、「プロはギブの精神を培った人のことをいう。プロを目指すのが職場での本当の目的である」と伝えています。自分の専門的技術や知識を通じてお客様や社会へギブ&ギブで生きるのが本物のプロの生き方なのです。

何かの商品を販売する場合、お金をもらって商品を売るのですから、形のうえでは「ギブ&テイク」のように思えます。しかし、本当のプロは「どうしたらお客さまの人生が良くなるか」という一点に集中して、それだけに夢中になっているのです。

接客者ならお客様に一番合った商品を選び、お客様の暮らしが豊かになって喜ばれることしか眼中になく、喜んでいただけることが自らの幸せと感じる、そんな生き方を選んでいる人は、接客のプロとしてお客様に必要なものを見通す直観力、それを提案するのに必要な叡智や技術が身につきます。

各商品の突っ込んだ知識をすべて把握していて、お客様の生活状況や性格やニーズを聴き出したり探ることにかけて秀でている。そしてお客さま自身もまだ把握できていないかもしれない未来の使用状況さえも推測が出来る。それらに関してお客様の性格やタイプに応じてのわかりやすいプレゼンテーション（説明）が出来る。こういった一連の流れがお客様にとって気持ちよい状況の中で行われ、最終的にお客様にご自由に選んでいただくためのお手伝いをする、そして商品の質によっては、お客様から求められる前にアフターフォローが出来ること、このような用件がすべてそろっていて、はじめて本物の販売のプロといえるのです。

ですから、商品知識はもちろん接客技術、そして推理力や直観力、商品によっては心理学を駆使して、お客様の今のお気持ちを推し量りつつ接客の言葉や態度を選んでゆく、そしてお客様の暮らしの幸福度を上げるお手伝いをするのです。

当然、同じ値段で商品を買っていただくのであれば、より長持ちするもの、より高性能なものを提供する、これらの条件に対する目標志向性が非常に高い、これがプロとしてギブの精神の持ち主であるために必要なことです。

プロはお金と商品やサービスを交換するという程度の低い意識ではなく、「目の前のお客様をどれだけ幸せにできるか」ということを、本気でとことん追求していくものです。

すると運がついてきて、その時必要な情報がたまたまタイムリーに入ってきて新製品の開発に役立ったり、必要な人材が周りに集まってきてとても有効な手助けをしてくれ、難関をのりきれた結果仕事の力量が次のステージへと向上したり、社会の趨勢が味方して爆発的に売れたりと、様々な形での見えない力が盤石の支えをもって応援するものなのです。

プロは見えない力の存在を体で感じています。神の存在がわかるのです。なぜなら、神のバックアップなしにプロにはなれないからです。ただ神と呼ぶか、大いなる意識、サムシンググレート、あるいは潜在能力や叡智など呼び方が違うだけで、プロは必ず自分の力量を超えた何かを感じているものです。

版画家の棟方志功氏は片眼は失明、もう片方も極度の近視でしたが、「私の手を使って仏が彫っている。私は仏様の手足となって転げまわっているんです」と話しています。

本当にお客様のことを考え、真のギブの精神で仕事をする人、消費者の信頼を得られる本物だけが残る時代です。企業の姑息な手段が次々明るみに出て糾弾されているといったニュースが後を絶ちません。今はもう、それが選別される時代にに入っているのです。

仕事をするうえでも、人生を切り開いていくうえでも、ギブの精神が当たり前になる時代がきたのです。この時代の流れに逆行すると仕事がうまくいかないだけではなく、生きることすらも難しくなります。お客様のことを真剣に考えた店が生き残り、自然との共生を考えた企業が世に求められることは、大自然のルールからすれば当然の流れといえるでしょう。

そして、ギブの対象はお客様だけではありません。

目の前にいる上司、部下、同僚など、あらゆる人の幸せにどれだけ貢献できているか、と問い直す必要があります。

課長は「もっと売上を伸ばせ」などと口うるさく言ってくるかもしれません。部下からすれば、プレッシャーをかける上司です。それでも、相手に対して好き嫌いを差し挟む前にまず「ありがとうございます」を送って、ギブの精神で仕事をしてみましょう。

結局それが本気になるということでもあり、１００％を超えることにつながっていくのです。

第6章

無条件の幸せセラピー

感謝行の真実の目的は、無条件の幸せになること

ここまで、好運の持ち主になった結果、好条件を得て幸せになる方法についてお伝えしてきました。しかし、ここ数年で私は、真実の世界には、「無条件の幸せ」なるものが確かにあるということをこの目で見て、この耳で聴いて、実感するに至りました。

では、無条件の幸せとはいったいどういうものでしょう?

幸せに暮らすのに必要な条件は、まず健康、良い人間関係があげられます。そしてお金は絶対いる、また人々に認められるような価値ある仕事と社会的地位が必要だと思います。「根っこを伸ばしたらそれらが入ってきます」とお伝えしてきました。

では、条件がどうあろうと、全く崩れない幸せの境地があるとしたらどうでしょう。しかも永続的で、条件によって得られる幸せ感とは比較にならないほどの最高の喜びと平安に満たされて暮らすことができるとしたら、そういう生き方を目指したいと思いませんか?

そういう人生が、現実に確かに存在するのです。この地球で、地上天国ともいえる生き方にシフトする時がとうとうやってきたようです。

地球が超高波動の5次元の星になるといわれています。この地球で、競争はなく共に支えあう人々が、無条件の幸せいっぱいに暮らすことになるようです。

この本を手にしてくださり、ここまで熱心に読んでくださったあなたには、私が実感するに至った、超幸せ、無条件の幸せの中で暮らしていただきたいのです。本気で感謝行をやり続けた結果、笑顔セラピーの受講者が到達した世界は、地上天国といっても決して過言ではない、幸せ一元の世界なのです。

私たちの住んでいる世界は、相対の世界、つまり光と影、病気と健康、戦争と平和、男と女、東洋と西洋、時間と空間、人間と神というように2元の世界で、そこでは神と人間も分かれています。

しかし我々の本性の世界、つまり私たち人類の本当の故郷は、絶対の世界、一元の世界です。戦争に対する平和ではなく完全平和、病気が治って健康になるのではなく無限健康、超幸せ、完全完璧なる調和の世界です。そこでは神と人間は分かれておらず、神としての存在だけがあります。

肉体を持ち、感情に左右される世界は絶対ではなく相対の世界で2元の世界です。しかし私たちの本性は神であり、つまり一元の世界、絶対の世界に住んでいるのです。そのことを実感できる多くの事例が、笑顔セラピーの受講生のなかに続々とあらわれ始め、本当に驚きの連続なのです。そこでは奇跡といえる出来事も、たびたび起きてきます。

無条件の幸せの体験談

＊和田綾子　46才　福岡市

私は、最愛の夫を癌で亡くし、うつ状態に陥り生きていく力をなくしていました。夫の後を追いたいと、そればかり考える毎日で、子供たちのことを考えてなんとか後を追うことは思いとどまりましたが、それまで熱があっても休むことなく行っていた職場にも行けなくなり、すっかり引きこもってしまいました。その頃に笑顔セラピーとの出会いがあったのです。

そして「言葉通りになること」と「感謝行」を信じ必死に実践しました。「ありがとうございます」と唱えるものの「どこがありがたいのよ。ちっともありがたくないわ」という思いもわいてくるのですが、それでも救われたい一心で、ただただ「言葉通りになる」という真理と野坂先生の「幸せになれる保証をします」という言葉にすがり、とにかく「ありがとうございます」を唱え続けました。

2か月ほどたったある日、驚いたことに「なんか、嬉しいわ。私幸せ！」と思え、微笑みがわきあがってきたではありませんか。それから2年、今は何があってもなくてもその幸せ感、なんとも表現のしようのない気持ちの良い、ふんわりとした温かい感覚が消えることがなくなったのです。

するとまもなく職場の人間関係が様変わりしました。それまでそりの合わなかった室長が時ならぬ配置転換で他部署に行かれ、今度の室長は笑顔や感謝に満ちた温かい方です。その他人間関係がうまくいかなかった方々は退社や転勤などでいなくなり、新しく赴任してこられた方々は、本当に一人残らずとても温かい心の人ばかりで、すごく気持ちよく働ける職場になりました。

本当に人生が一変していましました。今感じている幸せは、同じく「幸せ」といっても、主人が元気だったころの幸せ感とは全く違うのです。言葉には表せませんが、とにかく深い安心感と温かさに包まれて暮らしています。


和田綾子さんの体験している幸せ感は、条件が良くなって得たものではありません。ご主人が生き返ったわけでも新たな恋人ができたからでもないのです。マイナスの条件はそのままなのに、言い表せないくらいの幸せ感がやってきて今も続いているのです。無条件の幸せの世界に渡ったその後、幸せの条件の一つである人間関係が、飛び切り良いものになったわけです。

このように、そのままでまず無条件の幸せ感がやってきた、そのあとで現実の条件も変化し良くなることがあるのです。

＊渡辺香保子さん　41歳　茨木市

私は、柴犬のリリちゃんをとてもかわいがっています。ところがある時リリちゃんの毛が抜け始め、まるで妖怪のようなきたない毛並になってしまったのです。

獣医さんは「アトピーですね。一生治らないですから、ずっと薬を飲ませてください」と薬を処方してくださいました。その薬の副作用で元気だった子犬のリリちゃんはすっかり元気がありません。「こんなきつい薬を一生飲ませるなんて！」私は大変落ち込みました。しかし前々から習慣になっている感謝行だけは続けていました。

それでも子犬のリリちゃんは散歩には行きたいはず、とある日散歩に連れだしました。その日は秋晴れで気持ちの良い風が吹きわたっていました。なんだかリリちゃんから「私、生きてる！」といったメッセージが体にどんと入ってきた……はっきりとそんな感じがしました。すると次の瞬間「ああ、幸せ。無限の幸せでいっぱい！」という感覚が体中に満ちあふれて「どんな状態のリリちゃんでも、一緒にいられるだけで幸せやわ」と感じ、「これ以上なにも望むことはない」というはっきりとした意志が湧き上がり喜びに満たされたのです。それは私個人の意志を超えているような感覚でした。

それから1週間位たつと、なんと抜けていた毛が生えそろってきて、ずいぶんきれいになり、次に病院に行くころにははとんど元通りのきれいで元気なリリちゃんに戻っていました。そのリリちゃんを診察した女医さんは奇跡を目のあたりにして、カルテは落とすし体重測定は忘れるし、とても驚いた様子でアタフタとあわてていらっしゃいました。「不思議ですね。良くなりましたね。とりあえず薬はもういいです。でもきっとそのうちまた悪くなるからその時はまた連れてきてください」と言い放ち、その日の診察は終わりました。

しかしそれから1年、アトピーが復活することなくリリちゃんは、とても元気に暮らしています。

リリちゃんのアトピーという条件がなくなって、渡辺さんが幸せになれたのなら条件付き幸せですが、アトピーのままで幸せを実感し、その後、奇跡が起きてアトピーが改善したわけです。今、彼女自身のトラウマやコンプックスも消え去ってしまい、心から幸せを感じて暮らしておられます。

＊生田和江さん　51歳　群馬県

私の娘は、おなかに赤ちゃんが宿ったのですが、中学時代からの持病の貧血のため、毎日貧血予防の注射をしに病院に通わなければなりませんでした。しかし残念ながら死産になってしまいました。しかし私も娘も決して落ち込むことはありませんでした。というのは、私が笑顔セラピーに初めて来た時には、一人で外出もできないような状態でした。20年間ずっとパニック障害や不安神経症を患っていて、薬を飲んでもカウンセリングを受けても変わらず、ついには神頼みでお祓いまでうけたのですが、効果はありませんでした。

そこで娘に付き添ってもらって笑顔セラピーを受講、そしてすがる思いで笑顔と「ありがとうございます」をやり始めました。2週間後、心の中のマイナスが涙になって流れたようで、涙が滝のごとくあふれ出し、その時以来不思議なことに、心は青空のごとく澄み渡り一切の不安が消えてしまったのです。そんな体験があるので親子とも、亡くなった赤ちゃんに「ありがとうございます」を送り、落ち込むことはありませんでした。

そして2か月後、娘に新たな赤ちゃんが宿りました。一般に妊娠すると健康な人でも貧血になりやすいのに、奇跡が起きて娘は中学時代からの貧血症状が全く消え、完全な正常値になっていました。そして無事赤ちゃんが生まれたのですが、その赤ちゃんは手足に筋肉がなく異常に細くて力が全く入らず垂れ下がったままという障害を持っていたのです。しっかり「ありがとうございます」を握りしめている私は落ち込むことはありませんでしたが、さすがに驚きました。

しかしある時私の心に一瞬気づきが入ってきました。「この子は障害児、この子は健常児と自分が分けて見ている、この分別が余計な我なんだ」とわかったのです。すると何とも嬉しくありがたくて、言葉には言い表せない無上の喜びが涙となって零れ落ちました。

その1週間後、孫を連れて娘がやってきたのですが、驚いたことに孫は手足をピンピンと元気に動かしていたのです。障害が全く消えたという奇跡を見せていただきました。

もう、何があろうがなかろうが、怖いものは何一つありません。こんなにも幸せで安らぎいっぱいの守りの中で生きていける日が来るなんて思いもしませんでした。あとは精一杯、恩返しに生きるだけです。

このように不思議としかいいようのない奇跡の体験や、無条件の喜び、幸せで心いっぱいになる方々が、笑顔セラピーでは後を絶ちません。これらの体験をする人々は「悟り」の境地に入ってらっしゃいます。これは現実に今起きている出来事なのです。

ただ一つ、責任をもってお伝えできることは、私たちは努力して幸せになるのではなく、元々幸せなのだということです。私達人間はそれに氣づき学び、無条件の幸せ一杯の世界に戻るために、この世に生まれてきたようです。

そして「ありがとうございます」という真言は、その世界に戻るための宇宙船なのですね。ぜひこの宇宙船にみんなで乗り込み、支えあって戦争のない調和した星に移住しましょう。それが地上天国、未来の地球です。これは決して夢物語ではありません。私の目の前で続々と起きている真実です。夢物語であってはいけないのです。

紙面の関係で、無条件の幸せについては、これ以上深く丁寧に書くことができません。また理屈理論ではなかなか伝えきれないことだと、今の私は感じています。しかしなんとしてもひとりでも多くの人に無条件の幸せの世界への入り方をお伝えし、力を合わせ支えあって、地上天国なる地球を創り上げげたい、生きているうちにその地球を見たい、だから次に出版する本には「無条件の幸せ」という、理屈を超えたすばらしい世界についてしっかりと書けるよう命をかけて自分磨きをしていくことをお約束します。

どうぞ期待してお待ちくださいね。

終わりまで読んで下さりありがとうございます。

あとがき

ある時、それまで人生模索中で長年ごろごろとフリーターをしていた息子が、「就職するわ」と言い出して、無事希望の会社に合格、本格的企業人となりました。

その時私は嬉しい気持ちと同時に、ちょっと心配な気持ちが湧き上がりました。

フリーターのころ、彼は何社かの大手企業に派遣社員として勤めていたことがあります。当時彼は「出世している先輩サラリーマン諸氏を見ていて人間的魅力を感じない、例外もあるけどどな。自分も出世してあのような人生を送りたいかというと、全然なりたくないわ」と言っていました。

しかし人間は「朱に交われば赤くなる」といわれるように、その環境にすっぽり入ってしまうと、流されて赤くなってしまいがちです。現代社会は、経済第一主義が轟々と音を立てて流れていて、いったん足をすくわれると流されてしまうのです。

私は息子の住む名古屋に立ち寄って食事をしながら、息子の目をまっすぐ見て言いました。

「あんたなあ、もし目の前にいっぱい稼げる道と少ししか稼げない道とがあったら、必ず収入の少ない方を選びや。収入の多い方はものすごく熾烈な争いやわ。競争したらあかん。いい方は、人に譲りや。

もし『出世さしてやる』と言われても、断って人に譲りや。もし競争に加わって出世やお金を追っかけたら、たちまち流れに足を取られて、自分らしく生き生き自由に生きるはずの自分は死ぬよ」と伝えました。

たとえ途中で「この生き方は自分らしくない」と気づいてもお金のため、暮らしを維持するため、社会的責任や制約のためにがんじがらめになっているとやめられません。「自分らしく生き生き楽しく」をあきらめた代償としてせめてお金や出世をと、ひたすら追い求めて生き続け、最後は地獄にはまることになりかねないのです。

私は息子に、付けくわえてこう言いました。

「でもな、人様の2倍以上働きや。人の嫌がる仕事は、特に率先して体動かして働くんや。人のために必要な能力を磨き上げてぴかぴかの能力を持ちや。もちろん会社からお客様から給料いただいてるんやから、営業成績はあげて当たり前や。

みんな出世したい、お金儲けたいと思ってるから、そっちの道は大混雑やで。人を蹴落として出世したら恨まれるし、戦いをふっかけられて苦しいで。でも出世したくない方の道はすいてるわ。誰もいてへんかもね。ひとりで悠然と歩いて行ける。

でもな。人の何倍も働いて、能力あるのに出世もお金もいらんという奴、目立つで。目が利く上司はほっとかへん。結果的には『頼むから主任になって、課長になって』とか『給料上げます』と言うてきはるわ。頑固にお断りしてもあかんから、その時は『ありがとうございます』と受け取るんやで。

でもそれを狙って出世を断るなんて気持ちを持つと運氣没落やで。本気で出世を自分の辞書から消すんや。もらったお金はまた働きを何倍にも増やすための単なる道具やで。

一番大事なことは、『こんなに働いてやった』と思わんこと。働かせていただきありがとうございますと言うことや」

私自身も全然できていないことなのに、息子に伝えるのはちょっと気恥ずかしかったけれど、気づいたときは、私の口からとうとうと言葉が流れ出ていました。


私とまったく同じ考えを、ソニーの上席常務の地位にいらっしゃって（2006年退職）チームリーダーとして犬型ロボット　アイボやCDを作られた天外伺朗氏が、『運命の法則』（ゴマ文庫）などのご著書に書かれています。

企業現場にいらっしゃり、まさに経済社会の真っただ中でリーダーシップをとってこられた天外氏の言葉だけに説得力があり、私の考えを後押ししてくださっているようで心強く感じました。また天外氏も「自分は新入社員時代から多くの上司について仕事をしてきたが、魅力的な上司はほんの一握りだった」とおっしゃいます。天下のソニーに集まった優秀な人材の中にも魅力的な人が少なかったとおっしゃるのです。

また、破産寸前の銀行を他に類を見ない優良銀行に建て直すという偉業をなしとげられた住友銀行出身で関西アーバン銀行頭取の伊藤忠彦氏の著書『宇宙が味方する経営』（講談社インターナショナル）にも、同じ考えが書かれています。

伊藤氏は「１００％企業人になってはいけない。自分の人生の中で仕事が占める割合はせいぜい50％である」とおっしゃっています。１００％企業人になってしまうと真理を見る目、自分の人生の幸せを見通す目が曇ってしまいます。目の前の仕事には１００％以上の力を注ぐけれど、企業やビジネス社会に胸や肩までつかっても、頭だけは浸かってしまわないことが大切です。具体的にはお金や出世を目的に生きないことです。

私は、感謝行の目的で真の生きる目的である「無条件の幸せ」をひとりでも多くの方にお伝えする天命にこの命を捧げさせていただきたいと思っています。そして地球を安らぎと幸せの星に戻すために、微力ながら働かせていただきます。どうしても生きているうちに美しい地球を見たいのです。今67歳、あと30年全力でありがとうの神様のご用に使っていただきます。

本当の幸せ、無条件の幸せは遠くにあるのではありません。

いつもあなたのすぐお隣で、出番を待っているのです。

もし、この本をきっかけにして、幸運がやってきた方、天職に出会ったという人がいたら、ぜひご報告くださいね。それほど嬉しいニュースはありません。

今回も、本を執筆するにあたり、きれい・ねっとの山内尚子様との素敵な出会いに恵まれました。山内様に心からの感謝をささげます。

また、笑顔セラピスト受講生の皆様の素敵な体験のお蔭でこの本が充実したものになりました。笑顔セラピストはじめ受講生の皆様の素敵な体験のお蔭でこの本が充実したものです。ともに支えあい恩返しに生き、「ありがとうございます」の学びを深められることが、この上ない私の喜びです。この場を借りて、心より感謝を申し上げたいと思います。

平成27年2月11日

ありがとうございます　笑顔セラピーねっと

代表　野坂礼子

野坂 礼子（のさか れいこ）

1947年生まれ。ありがとうございます 笑顔セラピーねっと代表。心理カウンセラー・スピリチュアルセラピスト。関西外国語短期大学卒業。日本産業カウンセラー協会労働大臣認定産業カウンセラー、日本ＮＣＲにてインストラクトレス、大手出版社のセールスマネージャーを経て独立。その後、企業内教育講師として活躍。カウンセラーとして心理学を学ぶ一方、生き様を極めたところから笑顔哲学を生み出し、昭和61年『笑顔教室』を始める。その後、平成18年4月『ありがとうございます。 笑顔セラピーねっと』と改名。講演・社員研修・マスコミなどで活躍中。笑顔セラピストの育成にも力を入れる。平成20年9月8日社会文化功労賞受賞。

著書『人生を変える笑顔のつくり方』『笑顔とありがとうの魔法』（PHP研究所）『人間生きているだけでありがとう』（マキノ出版）『笑顔の魔法』（青春出版社）他多数。

巻末案内

笑顔セラピーねっとの 無条件の幸せセラピー

大切な人生なのに、仕事や経済、人間関係、健康面などのいろいろな問題に振り回されていませんか? いつも温かく安心感に満ち溢れ、生きる喜びが心いっぱいに広がり、無条件に幸せ、そんな毎日が本当のあなたの姿です。

厳しい現実世界に、そんな夢のような人生など、ありえないと思われるかもしれません。しかし根っこを変えると全ては変わる!

私は笑顔セラピーを29年間続けてきて、そんな幸せの境地で暮らすことは絵空事ではなく誰でも実現可能だということが、しっかりと確認できました。本物の幸せになる方法があるってこと、あなたに知って欲しい……。


やり方は、非常にシンプル! 本物の幸せになるのに、特別な能力や過剰な努力は不要です。しかし絶対に必要なポイントがある、そのポイントを誰でも実践できるように具体的、実践的にわかりやすくお伝えします。セミナーにご参加になると質問、ご相談の時間もあります。

必要なことは、信じる素直さと実行力だけ。

本気で信じて実践すれば、必ず無条件の幸せいっぱいの世界へお引越しできます。これは、私とあなたの固いお約束です。セラピー受講後2年間、無料で1週間おきにフォローメールをお届けし、実行力アップをお手伝いします。

本書6章の体験談でご紹介したように、その世界にお引越しをしておられる方が、すでにたくさんいらっしゃいます。次はあなたの番です。

無条件の幸せセラピーはこんな人におすすめです

（以下は受講者の実際の体験のポイントをまとめたものです）

● マイナス思考でうつ状態の不安な人生を変えたい
………プラスいっぱいの安らぎの境地で暮らせるようになる
● 人間関係で悩みが多い
…………………………愛にあふれた支え合いの人間関係になる
● ストレスで心も体も重い
………………………………まったくストレスのない毎日になる
● 明るい笑顔の人になりたい
…………………………………自然に心から笑顔があふれてくる
● 人生に行き詰まりを感じている
……………………シンクロニシティーや奇跡が日常的に起きる
● 運を開いて自分らしく生きたい
………………運氣がものすごく上がりチャンスにも恵まれる
● 人の役に立つ仕事がしたい
……………………………………愛の心が大きくなり自信がつく
● 直観力、集中力を強化したい
……………………直観力や集中力など、潜在能力が発揮できる

開催場所：大阪、名古屋、東京で定期的に開催。不定期で岡山、福岡、広島他でも開催。

時　　間：午前10時から17時00分の一日集中コース
詳しくはお問い合わせください。

笑顔セラピーねっとの　その他のセミナー

★感謝行セラピー　所要時間合計：2時間30分
感謝行を深く実践することが目的です

★本気DE実践コース
無条件の幸せに暮らす事が目的の個人指導付きのコース

★笑顔セラピスト養成コース
上記の全てのコースを受講後、希望者は笑顔セラピスト養成コースに進むことができます

★その他に、笑顔セラピスト主催の基礎コース、人間関係コースも各地で開催中

本書1章～5章までの内容を中心としたカリキュラムです。

笑顔セラピーねっとのパワーグッズ

★サブリミナル効果のありがとうパワーの入ったCD各種(耳には聞こえない領域の音で潜在意識に直接働きかける、高波動の「ありがとうございます」の言霊が封入してあります)

①ありがとうソングのサブリミナルCD2種…１枚のCDの歌詞に100回～200回の「ありがとうございます」が入っているのでメロディーに乗せて楽しく感謝行ができる、サブリミナル効果も入ったCD

- 大人用「聴いてるだけで幸せになる不思議なCD」
- 小学生位までの子供とパパ、ママの為の唄「ありがとう魔法の唄」

②ありがとう瞑想のCD

小鳥のさえずり等、が入った、気持ちの落ち着くアルファー波ミュージックで、ありがとうの言霊のサブリミナル効果入り

③ありがとう呼吸法のCD

感謝行の効果と呼吸法の力が相乗効果となって多大なパワーを生み出せる心身に効果の高いメソッド「ありがとう呼吸法」。

呼吸法の誘導フレーズ入りなので、初心者でも誘導メッセージに合わせ、すぐ呼吸法を実践できます。

★笑顔とありがとうの暦　1000円＋税

笑顔セラピー（基礎コース）のキーワードを毎日見て、忘れず実践できて心に染み込むように、毎日毎年繰り返し使える31日の暦です。

★ありがとう体験談の小冊子　2種類　100円　10冊　800円

「手から手へ　ありがとうの体験談」

　　感謝法で起きた素敵な19体験談と感謝行のポイント

「人生を変えた9人の物語」

　　感謝行で人生が根っこから変わった話と感謝行のポイント

★波動の高い大小の種類の「ありがとうシール」と笑顔がかわいい笑顔セラピーのキャラクターシンボルえくぼちゃんシールプレゼント

大きめの返信用封筒(12×23㎝位)140円切手を貼って、できれば「本書を読んだ感想」を簡単に書いていただき、お名前ご住所、お電話番号を書いてお送りください。笑顔セラピーのご案内パンフレットも同封してお送くりします。（送付に時間がかかることがあります。万一品切れの場合はご容赦ください）

★のさかれいこの著書

人生を変える言葉「ありがとう」PHP文庫

人生を変える笑顔のつくり方　　PHP文庫

笑顔の魔法　青春出版

ありがとうの魔法　マキノ出版

人間生きてるだけでありがとう　マキノ出版

笑顔とありがとうの魔法　PHP研究所
（笑顔セラピーねっとで販売）

笑顔エネルギーが人生を変える　PHP研究所
（笑顔セラピーねっとで販売）

★資料請求、お問い合わせは

「ありがとうございます　笑顔セラピーねっと」まで。

〒530-0041　大阪市北区天神橋 4-7-12
喫茶「水来」の2階

TEL 06-6351-7892　FAX 06-6351-8922

Eメール　2525@egao-therapy.net

きれい・ねっと

あなたと
私と
この星と
きれいでつながる
よろこびの輪

運が味方する 笑顔とありがとうの法則

2015年2月22日　初版発行

著　者　野坂礼子
発行人　山内尚子
発　行　株式会社　きれい・ねっと
〒670-0904　兵庫県姫路市塩町91
TEL 079-285-2215　FAX 079-222-3866
http://kilei.net
発売元　株式会社　星雲社
〒112-0012　東京都文京区大塚3-21-10
TEL 03-3947-1021　FAX 03-3947-1617

ISBN978-4-434-20235-3